dindon
et dinde

Révision et correction : Monique Richard et Caroline Yang-Chung
Photographie : Tango
Styliste culinaire : Jacques Faucher
Styliste accessoiriste : Luce Meunier
Infographie : Johanne Lemay

La Fédération des producteurs de volailles du Québec remercie les offices provinciaux de l'Office canadien de commercialisation du dindon, plus particulièrement la Colombie-Britannique, ainsi que la National Turkey Federation pour leurs recettes.

L'Éditeur remercie les boutiques La Maison d'Émilie (Outremont) et Arthur Quentin (Montréal) pour le prêt des accessoires ayant servi aux photographies.

Catalogage avant publication
de Bibliothèque et Archives Canada

Vedette principale au titre :

Dindon et dinde

(Tout un plat!)

1. Cuisine (Dindon). I. Fédération des producteurs de volailles du Québec. II. Collection.

TX750.5.T87D56   2005   641.6'6592   C2005-941555-X

Pour en savoir davantage sur nos publications,
visitez notre site : **www.edhomme.com**
Autres sites à visiter : www.edjour.com • www.edtypo.com
www.edvlb.com • www.edhexagone.com • www.edutilis.com

09-05

© 2005, Les Éditions de l'Homme,
une division du groupe Sogides

Dépôt légal : 3e trimestre 2005
Bibliothèque nationale du Québec

ISBN 2-7619-2121-6

DISTRIBUTEURS EXCLUSIFS :

• Pour le Canada et les États-Unis :
MESSAGERIES ADP*
955, rue Amherst
Montréal, Québec H2L 3K4
Tél. : (514) 523-1182
Télécopieur : (514) 939-0406
* Filiale de Sogides ltée

• Pour la France et les autres pays :
INTERFORUM
Immeuble Paryseine, 3, Allée de la Seine
94854 Ivry Cedex
Tél. : 01 49 59 11 89/91
Télécopieur : 01 49 59 11 96
Commandes : Tél. : 02 38 32 71 00
                Télécopieur : 02 38 32 71 28

• Pour la Suisse :
INTERFORUM SUISSE
Case postale 69 - 1701 Fribourg - Suisse
Tél. : (41-26) 460-80-60
Télécopieur : (41-26) 460-80-68
Internet : www.havas.ch
Email : office@havas.ch
DISTRIBUTION : OLF SA
Z.I. 3, Corminbœuf
Case postale 1061
CH-1701 FRIBOURG
Commandes : Tél. : (41-26) 467-53-33
                Télécopieur : (41-26) 467-54-66

• Pour la Belgique et le Luxembourg :
INTERFORUM BENELUX
Boulevard de l'Europe 117
B-1301 Wavre
Tél. : (010) 42-03-20
Télécopieur : (010) 41-20-24
http://www.vups.be
Email : info@vups.be

Gouvernement du Québec – Programme de crédit d'impôt pour l'édition de livres – Gestion SODEC – www.sodec.gouv.qc.ca

L'Éditeur bénéficie du soutien de la Société de développement des entreprises culturelles du Québec pour son programme d'édition.

Conseil des Arts   Canada Council
du Canada   for the Arts

Nous remercions le Conseil des Arts du Canada de l'aide accordée à notre programme de publication.

Nous reconnaissons l'aide financière du gouvernement du Canada par l'entremise du Programme d'aide au développement de l'industrie de l'édition (PADIÉ) pour nos activités d'édition.

dindon
et dinde

LES ÉDITIONS DE L'HOMME

Introduction

LES ORIGINES DU DINDON

La dinde (aussi appelée dindon) se retrouve dans l'alimentation des humains depuis des millénaires. À l'origine, l'ancêtre du dindon domestique vivait sur le continent américain. Il occupait principalement ce qui allait devenir les États-Unis et le Mexique, mais on pouvait également en retrouver en Ontario et à l'extrême sud du Québec. Les Aztèques et les Amérindiens en avaient fait un de leurs mets de prédilection bien avant la colonisation par les Européens. On soupçonne d'ailleurs que les premiers habitants du continent avaient, déjà à cette époque, domestiqué l'animal. En effet, des preuves archéologiques démontrent que les Amérindiens gardaient des dindons en captivité il y a 2000 ans. L'apprivoisement du dindon se traduisit par d'importants changements au niveau de la morphologie de l'animal. L'espèce sauvage, beaucoup plus petite, devint plus imposante, plus charnue à la suite de sa domestication et de nombreux croisements.

Aussi familiers qu'étaient les peuples d'Amérique avec le dindon, les Européens, à l'opposé, ne savaient rien de cette espèce avant leur arrivée dans le «Nouveau Monde». Il est amusant de constater que les noms mêmes donnés à l'oiseau par les Occidentaux témoignent des péripéties de cette époque de découvertes. Effectivement, les Espagnols, en mettant le pied en Amérique, se pensaient arrivés aux Indes; c'est ainsi que l'animal fut communément appelé «dinde», contraction de «coq d'Inde» ou «poule d'Inde». Les Anglais, quant à eux, croyaient le dindon originaire de Turquie (*Turkey*, en anglais). Ils le baptisèrent donc… *turkey*!

Les nouveaux arrivants ne tardèrent pas à partager leur découverte avec leur mère patrie. La dinde fut donc introduite en Europe au XVIᵉ siècle.

Ironiquement, alors que la population de dindons était en croissance en Europe, elle diminuait dramatiquement sur leur terre natale. En effet, ces grands oiseaux vifs et farouches devinrent un gibier très prisé au fil du temps au Canada, de telle sorte qu'en 1929 ils avaient pratiquement disparu du pays. Heureusement, grâce à la reconstitution de certains milieux forestiers et à la création de nombreux programmes de réintroduction, l'espèce s'est assez bien rétablie et a pu regagner la majeure partie de son aire de répartition primitive. C'est ainsi que le dindon sauvage est réapparu au Québec dans les années 1970.

Comme nous l'avons vu, la dinde devint de plus en plus grosse à force de croisements. Son goût aussi connut des améliorations. Plus appétissante et plus dodue, la dinde vint peu à peu à remplacer l'oie lors du repas de Noël. Elle devint également traditionnellement associée au repas de l'Action de grâces, célébré le deuxième lundi d'octobre au Canada et le quatrième jeudi de novembre aux États-Unis (Thanksgiving). Garnie de légumes d'automne, la volaille est apportée entière à table, farcie de mie de pain, d'abats hachés et d'aromates comme la sauge.

De nos jours, nous connaissons une trentaine de races de dindons, mais la plupart des dindons élevés commercialement sont des *White Hollands,* au plumage tout blanc. Les États-Unis en sont les premiers producteurs, mais c'est en Israël que la consommation par personne est la plus élevée, devant les États-Unis, la Hongrie, la Pologne et le Canada. Les pays asiatiques au-delà du Proche-Orient n'ont jamais adopté ce gallinacé dans leur alimentation.

L'ÉLEVAGE DU DINDON AU QUÉBEC

Le Québec compte environ 140 producteurs de dindons. Environ la moitié d'entre eux s'adonnent en même temps à la production du poulet. On retrouve des éleveurs de dindons dans toutes les régions ; ils sont cependant plus nombreux du côté de Saint-Hyacinthe, Valcartier (près de Québec) et dans la grande région de Lanaudière.

Le producteur québécois élève en moyenne 32 000 oiseaux par année pour un total de 274 000 kg par producteur. Le Québec est la deuxième province productrice de dindons au Canada. En tout, la production de dindons génère directement 1 700 emplois, dont 477 emplois à la ferme et 887 emplois dans les usines de transformation.

Il est à noter que la qualité est au cœur des préoccupations des producteurs québécois. Premièrement, des normes strictes encadrent l'élevage de la volaille ; l'utilisation d'hormones de croissance, par exemple, est interdite au Canada depuis plus de 30 ans. Deuxièmement, les éleveurs se sont évertués à améliorer le régime alimentaire du dindon et à prévenir les maladies susceptibles d'affecter l'animal. De ce fait, ils se sont, de leur propre initiative, conformés dès la fin des années 1990 aux très strictes normes internationales en ce qui a trait au contrôle de la qualité et de la salubrité à la ferme. De nombreuses mesures de sécurité ont été mises en place ; entre autres choses, après le départ d'un élevage de dindons pour l'abattoir, le bâtiment et le matériel sont nettoyés et désinfectés.

En ce qui concerne le bien-être des animaux, sachez que les poussins et les dindonneaux ne vivent pas en cage, mais plutôt sur une épaisse litière de copeaux de bois. Les volailles sont libres de se promener à leur guise et ont accès en tout temps à de l'eau fraîche et à de la nourriture. Elles ne sont pas entassées ; la densité des élevages respecte leur bien-être.

LE CHOIX DE LA VIANDE

On retrouve sur le marché plusieurs types de viandes de dinde qui plairont aux goûts variés des consommateurs. La taille de la dinde, par exemple, influe sur sa saveur. Ainsi, les petits dindons sont plus tendres, mais, selon les connaisseurs, les gros seraient plus savoureux.

Toutes les volailles du Québec sont nourries de grains (maïs, blé, orge) et élevées selon des techniques semblables. Le grain constitue l'élément principal de l'alimentation d'une volaille. On y ajoute des tourteaux de soja ou de canola riches en protéines végétales. Pour prévenir les carences nutritionnelles en minéraux et en vitamines, des suppléments sont ajoutés à la moulée. Actuellement, aucune norme de pratique d'élevage ni aucune réglementation ne définit l'appellation «volaille de grain» ou «nourri de grain».

Certains dindons dits «de grains» ou «tout végétal» se distinguent par l'absence de produits d'origine animale dans leur alimentation. Ces produits sont utilisés dans l'alimentation traditionnelle pour apporter un complément d'énergie (les graisses) et d'acides aminés (farine d'os et de viande) selon les grains constituant la moulée. En général, les produits d'origine animale ne dépassent jamais 10% de la composition de la moulée. Les producteurs québécois sont attentifs aux besoins du marché, et l'industrie est maintenant en mesure de répondre à la demande de volailles nourries sans ajout de farines ni de graisses d'origine animale. Recherchez les sceaux de certification sur l'emballage, qui garantissent que l'alimentation de ces dindons a été vérifiée par un organisme indépendant, reconnu par l'Agence canadienne d'inspection des aliments.

Un dindon d'appellation «biologique» répond à des normes précises. Il doit, par exemple, être nourri de grains certifiés biologiques, entiers ou concassés. L'utilisation d'antibiotiques est proscrite. Les autres conditions d'élevage sont pratiquement semblables à celles des volailles conventionnelles. La production de volailles biologiques répond aux attentes de certains consommateurs mais reste toutefois marginale. Recherchez un sceau de certification biologique sur l'emballage.

LA RÈGLE D'OR DU DINDON PARFAIT

Pour profiter du dindon à son meilleur, quelques règles sont à respecter. Il est évidemment primordial d'éviter que la viande ne se dessèche durant la cuisson. Pour vous faciliter la vie, les marchands proposent des dindons dont la chair a été injectée de bouillon ou de corps gras. On peut aussi prévenir soi-même la déshydratation de la viande en mettant un peu d'eau dans la lèchefrite, en arrosant deux ou trois fois la volaille durant la dernière heure de cuisson et en évitant de la cuire plus que nécessaire. (Contrairement à ce qui est souvent prescrit, il ne faut pas arroser l'oiseau tout au long de la cuisson: le fait d'ouvrir fréquemment le four provoque une perte de chaleur et augmente le temps de cuisson, ce qui accentue la dessiccation.)

On peut aussi éviter l'assèchement en faisant mariner le dindon dans un mélange d'huile, de vinaigre et de fines herbes, ou en injectant la marinade dans la chair. (Cela dit, il faut prendre garde aux jus et aux marinades des volailles crues : ils ne doivent pas s'écouler sur d'autres aliments, car ils pourraient les contaminer. Dans le réfrigérateur, veillez donc à placer les aliments cuits au-dessus des aliments crus.) À la température ambiante, on laissera la volaille dans une marinade 30 min au plus, après quoi on fera cuire la viande. On ne peut réutiliser les marinades pour préparer des sauces, à moins de les faire bouillir de 5 à 10 min.

Il est aussi possible de saumurer un dindon pour obtenir une chair tendre et juteuse. Pour ce faire, il faut compter environ 6 heures et l'équivalent d'un demi-kilo de sel pour 4 litres d'eau. Certains ajoutent à la saumure des feuilles de laurier, des gousses d'ail, des grains de poivre, du romarin et du thym, et parfois même du sucre ou des petits piments rouges piquants.

La chair du dindon étant sensible aux bactéries (comme les salmonelles), il est impératif de veiller à respecter certaines règles de sécurité. Les autorités sanitaires recommandent de cuire le dindon dans un four à au moins 163 °C (325 °F),

jusqu'au moment où la température interne, mesurée dans l'articulation de la cuisse (juste au-dessus de l'os mais sans le toucher), atteindra 77 °C (170 °F) pour un dindon ordinaire (même chose pour une poitrine seule) ; 80 °C (176 °F) pour du dindon haché ; et 82 °C (180 °F) pour un dindon farci. La farce doit être cuite séparément et sa température interne doit atteindre 74 °C (165 °F). Le dindon cuit qui a été congelé doit être ramené à une température interne de 73 °C (163 °F) si on veut le servir chaud. Si vous ne possédez pas de thermomètre, deux indices vous signaleront que la cuisson idéale a été atteinte : la cuisse se détachera aisément de l'articulation et le jus de cuisson sera clair plutôt que rosé et limpide. On peut aussi cuire le dindon à la poêle, sur le barbecue et dans la friture, en s'assurant, ici aussi, que la viande soit bien cuite de bord en bord. En tout et pour tout, le dindon cuit ne devrait pas rester à la température de la pièce plus de 2 h (en comptant le service). Les restes doivent être réfrigérés sans délai. De plus, on recommande de laver à l'eau chaude savonneuse tous les ustensiles (planche à découper, couteaux, assiettes, etc.) ayant servi à préparer le dindon cru avant toute nouvelle utilisation. Il faut prendre garde de ne pas toucher d'autres aliments avec

des ustensiles (ou les mains) qui auraient préalablement touché à la volaille crue. En suivant ces règles, on évite toute contamination bactérienne.

Avant de cuire un dindon entier, il ne faut pas oublier d'enlever les abats de la cavité abdominale. La volaille doit être rincée (intérieur et extérieur) à l'eau froide avant d'être apprêtée selon la recette choisie.

Si l'on prépare une dinde farcie, la volaille doit être farcie juste avant la cuisson. Après le repas, la farce doit être retirée du dindon et gardée au frigo dans un contenant fermé. La farce se conserve ainsi 3 jours au réfrigérateur et 4 semaines au congélateur.

LA VIANDE PAR EXCELLENCE

La viande de dindon est exceptionnelle : plus maigre que celle du porc, du bœuf ou de l'agneau, elle contient seulement 1 g de gras saturés et un total en gras de 3 g par portion de 100 g de viande brune, et 0,2 g de gras saturés et 1 g de gras totaux par 100 g de viande blanche cuite (sans peau). Par ailleurs, elle renferme des protéines de qualité supérieure (près de 30 g par 100 g de viande blanche) et est aussi une excellente source de niacine, de vitamine B_6 et de sélénium. La dinde est également une bonne source de phosphore, de vitamine B_{12} et de zinc. Ces caractéristiques en font une viande d'une grande valeur nutritive. Elle est, par ailleurs, tout indiquée dans les régimes amaigrissants et dans la surveillance de la cholestérolémie ou de la glycémie.

De plus en plus populaire dans les supermarchés, le dindon est offert en une douzaine de découpes : lanières, escalopes, cubes, filets, tournedos, rôtis de poitrine, ailes, pilons et hauts de cuisse avec os, hauts de cuisse désossés, poitrines désossées, demi-poitrines avec os, viande hachée, etc. À certains moments de l'année, c'est la volaille la plus économique qu'on puisse acheter.

En bref, les qualités nutritives du dindon, sa succulence et sa versatilité en font une viande des plus attrayantes, parfaitement adaptée à nos exigences en matière de gastronomie et de santé. Nous aurions tort de nous priver d'un tel cadeau, fruit du travail de l'être humain et du génie de Dame Nature. Le présent ouvrage vous permettra de profiter au maximum des vertus culinaires de ce grand oiseau d'Amérique.

Saviez-vous que...

Le premier dindon aurait fait son apparition en Europe au mariage de Charles IX, roi de France, le 26 novembre 1570.

Avant les moyens de transport modernes, les agriculteurs des îles britanniques faisaient marcher leurs dindons jusqu'à la ville en leur mettant aux pattes des chaussures de cuir.

Les dindons sauvages peuvent voler sur de courtes distances à 90 km/h, courir à 40 km/h, et ils aiment se percher sur les arbres la nuit. Heureusement pour les arbres, les dindons sauvages sont plus petits que les dindons domestiques!

Selon le *Guinness des records,* la plus grosse dinde à avoir jamais été apprêtée pesait 39 kg, soit 86 livres!

Un dindon adulte possède pas moins de 3 500 plumes.

Le dindon est en fait une variété de faisan.

Des traces fossiles prouvent qu'il y avait des dindons en Amérique du Nord il y a 10 millions d'années.

Le cheptel de dindons au Québec se chiffre chaque année à environ 4 900 000 individus.

Une portion de 100 g (3 ½ oz) de viande blanche de dindon, sans la peau, ne renferme pas plus de gras qu'un grand verre de lait contenant 1% de matières grasses. Quant à la viande brune, qui renferme environ 20% plus de calories que la blanche, elle demeure plus maigre que le porc, le bœuf ou l'agneau.

Le dindon cru en morceaux se conserve environ 6 mois au congélateur et de 2 à 3 jours au réfrigérateur. Cuit, on peut le garder jusqu'à 3 mois au congélateur et 4 jours au plus au frigo.

Comme pour le poulet, la chair des cuisses de dindon contient deux fois plus de fer que celle des poitrines. Ainsi, le brun de volaille (poulet ou dindon) est une source de fer au même titre que le bœuf.

Toutes les sortes de viande hachée de dindon offertes sur le marché sont extra-maigres puisqu'elles ne contiennent pas plus de 10% de gras.

Afin de prévoir la quantité de dinde à acheter, il faut compter 480 g (1 lb) de dindon entier cru par personne.

Il est préférable de décongeler un dindon entier au réfrigérateur. Pour ce faire, laissez-le dans son emballage et calculez 10 h par kilo (5 h par livre).

Une portion de dindon fournit environ la moitié des besoins quotidiens en protéines.

Étant une bonne source de vitamine B_{12}, la viande de dinde aide à la fabrication de nouvelles cellules et contribue à l'entretien des cellules nerveuses.

La niacine (B_3) participe à de nombreuses réactions métaboliques et contribue spécialement à la production d'énergie à partir des glucides, des lipides et de l'alcool que nous ingérons. Le dindon en est une excellente source.

La dinde contient une bonne quantité de vitamine B_6, vitamine particulièrement appréciée pour ses bienfaits sur l'humeur et sur la production de globules rouges.

Grâce au phosphore qu'il contient, le dindon aide à procurer l'énergie nécessaire aux réactions cellulaires, à assurer la minéralisation des dents et des os et contribue à l'équilibre acido-basique de l'organisme.

Le dindon contient une quantité appréciable de zinc, un élément bénéfique au système immunitaire, à la fabrication du sperme et au développement du fœtus.

La répartition lipidique de la viande de dindon (un tiers de gras saturés, un tiers de gras monoinsaturés et un tiers de gras polyinsaturés) et sa teneur élevée en sélénium en font une viande de choix pour la prévention des maladies cardiovasculaires.

AMUSE-BOUCHE

Ailes de dindon au miel, à l'ail et au gingembre

4 à 6 portions · Cuisson : 40 min

INGRÉDIENTS

- 4 grosses gousses d'ail, émincées
- 125 ml (½ tasse) de miel liquide
- 3 c. à soupe de sauce soja
- 3 c. à soupe de jus de citron
- 2 c. à soupe de racine de gingembre, émincée
- 1,4 kg (3 lb) d'ailes de dindon, bouts enlevés
- 1 c. à soupe de graines de sésame, rôties

• Dans un grand contenant ou un grand sac de plastique à fermeture hermétique, mélanger l'ail, le miel, la sauce soja, le jus de citron et le gingembre. Ajouter les ailes de dindon, remuer pour bien les enrober de marinade et réfrigérer jusqu'au lendemain.

• Préchauffer le four à 200 °C (400 °F).

• Retirer les ailes de dindon de la marinade et les mettre dans un grand plat allant au four. Réserver la marinade. *+ longtemps*

• Cuire au four à découvert de 30 à 35 min. Retirer l'excédent de gras.

• Dans une petite casserole, porter la marinade à ébullition. Laisser mijoter 3 à 4 min, jusqu'à ce que la sauce épaississe légèrement. Verser sur les ailes de dindon.

• Augmenter la chaleur du four à 240 °C (475 °F). Cuire les ailes de dindon 10 min ou jusqu'à ce qu'elles soient dorées et collantes, en les retournant à quelques reprises. Saupoudrer de graines de sésame avant de servir.

12.14 mauvaise cuisson

Bruschettas au dindon

4 portions · Cuisson : 8 min

- Mélanger l'huile et l'ail, badigeonner le pain et faire griller légèrement au four environ 3 à 5 min.

- Mélanger les tomates, le dindon, la mozzarella, le basilic et le poivre. Étendre le mélange sur le pain et faire griller au four jusqu'à ce que le fromage soit fondu.

INGRÉDIENTS

- 2 c. à soupe d'huile d'olive
- 2 gousses d'ail, émincées
- 8 tranches de pain italien
- 1 tomate, en cubes
- 120 g (4 oz) de dindon cuit, en cubes
- 120 g (1 tasse) de mozzarella, râpée
- 2 c. à café (2 c. à thé) de basilic frais, haché ou la moitié de basilic séché
- ¼ c. à café (¼ c. à thé) de poivre fraîchement moulu

Pelures de pommes de terre tex-mex au dindon

4 portions · Cuisson : 35 min

INGRÉDIENTS

PRÉPARATION : 15 MIN

- 2 grosses pommes de terre, cuites au four
- 240 g (8 oz) de dindon haché, cru
- 45 g (½ tasse) d'oignons, hachés
- 1 gousse d'ail, émincée
- 227 ml (8 oz) de tomates à l'étuvée
- en conserve
- 1 c. à café (1 c. à thé) d'assaisonnement
- au chili
- ½ c. à café (½ c. à thé) d'origan frais,
- haché ou la moitié d'origan séché
- ¼ c. à café (¼ c. à thé) de cumin
- ¼ c. à café (¼ c. à thé) de piment
- en flocons
- ¼ c. à café (¼ c. à thé) de sel
- 60 g (½ tasse) de cheddar, râpé

- Préchauffer le four à 190 °C (375 °F).

- Couper les pommes de terre cuites en 2 sur la longueur. À l'aide d'une cuillère, retirer la chair des pommes de terre jusqu'à 6 mm (¼ po) de la peau. Réserver la chair pour un autre usage.

- Dans une poêle moyenne, faire sauter le dindon, les oignons et l'ail à feu moyen-vif pendant 5 min, jusqu'à ce que le dindon perde sa teinte rosée. Retirer le jus de cuisson au besoin. Ajouter les tomates, l'assaisonnement au chili, l'origan, le cumin, le piment en flocons et le sel. Cuire environ 15 min, jusqu'à ce que le liquide soit presque complètement évaporé.

- À l'aide d'une cuillère, farcir les pelures de pommes de terre du mélange de dindon. Saupoudrer de fromage. Cuire au four environ 15 min sur une plaque à pâtisserie, jusqu'à ce que le fromage soit fondu.

Raviolis chinois au dindon

50 portions · Cuisson : 2 min

- 480 g (1 lb) de dindon haché, cru
- 2 gousses d'ail, hachées finement
- 2 c. à café (2 c. à thé) de thym frais, haché ou la moitié de thym séché
- 1 contenant de 250 g (8 oz) de fromage à la crème léger
- 1 botte d'oignons verts, hachés
- Sel et poivre
- 1 paquet de pâte à raviolis chinois (won tons)
- 750 ml (3 tasses) d'huile d'arachide

• Dans une grande poêle antiadhésive, faire revenir le dindon en remuant environ 6 min ou jusqu'à ce qu'il perde sa couleur rosée. Réserver. Dans un bol, mélanger l'ail, le thym, le fromage à la crème et les oignons verts. Saler et poivrer. Ajouter le dindon à la préparation de fromage et bien mélanger.

• Mettre 1 c. à café (1 c. à thé) du mélange de dindon au centre d'un carré de pâte. Humecter les bords de la pâte avec de l'eau et plier en forme de triangle. Presser les bords avec les doigts pour bien sceller. Humecter les pointes et pincer le centre. Répéter l'opération avec le reste de la pâte.

• Chauffer l'huile à 190 °C (375 °F). Faire frire les raviolis, quelques-uns à la fois, environ 2 min ou jusqu'à ce qu'ils soient dorés. Égoutter sur du papier absorbant. Accompagner de sauces-trempettes.

Pâté de foie de dindon

480 g (2 tasses) · Cuisson : 15 min · Réfrigération : 2 à 4 h

PRÉPARATION : 10 MIN

• Dans une grande poêle, chauffer le beurre et faire saisir le foie, le bacon, les oignons et l'ail. Poursuivre la cuisson jusqu'à ce que les morceaux de foies perdent leur couleur rosée et que les oignons soient transparents.

• Transvaser le tout dans un mélangeur et ajouter le reste des ingrédients. Réduire en purée, environ 1 min, à puissance maximale. Verser dans une terrine ou un petit contenant à fermeture hermétique et réfrigérer.

• Si le pâté est préparé à l'avance, le recouvrir d'une mince couche de beurre fondu pour bien le sceller. Le pâté se conserve une semaine au réfrigérateur.

INGRÉDIENTS

- 2 à 4 c. à soupe de beurre
- 480 g (1 lb) de foies de dindon, en morceaux
- 120 g (4 oz) de bacon de dindon
- 2 oignons moyens, hachés
- 2 gousses d'ail, hachées finement
- 185 g (6 oz) de champignons en conserve
- 60 ml (¼ tasse) de sherry
- Poivre
- ½ c. à café (½ c. à thé) de muscade (facultatif)

Trempette à tacos au dindon

6 portions · Cuisson : 10 minutes

PRÉPARATION : 15 MIN

• Dans une poêle antiadhésive, chauffer l'huile à feu moyen-doux et faire revenir le dindon, le sel, la poudre d'oignon, le cumin et la poudre d'ail. Dans un petit bol, mélanger l'assaisonnement à tacos et l'eau jusqu'à consistance homogène. Verser le mélange d'assaisonnement sur le dindon et porter à légère ébullition. Réduire la chaleur à feu moyen et poursuivre la cuisson environ 6 min ou jusqu'à ce que la viande soit cuite. Réserver.

• Dans un bol, mélanger le fromage à la crème et la crème sure pour obtenir une préparation homogène. Étendre ce mélange uniformément dans un plat de service. Recouvrir de salsa puis du mélange de dindon. Garnir de poivrons et servir.

- 1 c. à soupe d'huile de canola (colza)
- 480 g (1 lb) de dindon haché, cru
- 1 c. à café (1 c. à thé) de sel
- ⅛ c. à café (⅛ c. à thé) de poudre d'oignon
- ⅛ c. à café (⅛ c. à thé) de cumin
- ⅛ c. à café (⅛ c. à thé) de poudre d'ail
- ½ sachet d'assaisonnement à tacos épicé
- 60 ml (¼ tasse) d'eau
- 250 g (8 oz) de fromage à la crème léger
- 250 ml (1 tasse) de crème sure légère
- Environ 200 ml (¾ tasse) de salsa douce
- 30 g (¼ tasse) de poivrons jaunes, hachés
- 30 g (¼ tasse) de poivrons verts, hachés

Trempette au dindon à la mexicaine

6 portions · Cuisson : 10 min

- 480 g (1 lb) de dindon haché, cru
- 1 sachet de 30 g (1 oz) d'assaisonnement à tacos
- 40 g (½ tasse) d'oignons verts, hachés
- 250 ml (1 tasse) de salsa
- 250 ml (1 tasse) de crème sure légère
- 140 g (1 tasse) de cheddar, râpé
- 30 g (¼ tasse) d'olives noires, hachées
- 240 g (8 oz) de tacos

• Dans une grande poêle antiadhésive, faire revenir le dindon à feu moyen-vif de 8 à 10 min, jusqu'à ce qu'il perde sa couleur rosée. Ajouter l'assaisonnement à tacos, mélanger et retirer du feu.

• Étendre uniformément le dindon cuit dans un plat de service de 23 cm (9 po) de diamètre. Parsemer la moitié des oignons verts et recouvrir de salsa. Étendre uniformément la crème sure sur le dessus et saupoudrer de cheddar. Garnir avec les olives et le reste des oignons verts. Accompagner de tacos et servir.

Boule de fromage au dindon

240 g (2 tasses) · Réfrigération : 1 à 2 h

- 90 g (½ tasse) de dindon cuit, haché
- 25 g (¼ tasse) de noix de Grenoble, hachées
- 15 g (¼ tasse) de mélange à soupe à l'oignon en sachet
- ½ c. à café (½ c. à thé) de poudre d'ail
- 1 c. à café (1 c. à thé) d'estragon frais, haché ou la moitié d'estragon séché
- ½ c. à café (½ c. à thé) de poivre
- 1 c. à café (1 c. à thé) de thym frais, haché ou la moitié de thym séché
- 250 g (8 oz) de fromage à la crème, ramolli
- 60 ml (¼ tasse) de mayonnaise légère
- 10 g (⅓ tasse) de persil frais, haché
- 1 trait de sauce tabasco

• Dans un mélangeur ou un robot de cuisine, mélanger le dindon, les noix et les assaisonnements. Ajouter le fromage à la crème et le reste des ingrédients. Mélanger jusqu'à l'obtention d'une préparation homogène. Envelopper le fromage de papier paraffiné (ciré) et réfrigérer de 1 à 2 h.

• Façonner le fromage raffermi en boule et, si désiré, rouler la boule dans du persil ou des noix hachées pour bien l'enrober. Accompagner de craquelins et de quartiers de pomme.

SOUPES

Soupe orientale au dindon et aux nouilles

4 portions · Cuisson : 10 min

- Dans une grande poêle, faire chauffer l'huile à feu moyen. Ajouter l'ail, le dindon et cuire environ 1 à 2 min.

- Ajouter les champignons et poursuivre la cuisson 2 min. Augmenter la chaleur à feu vif puis ajouter le gingembre, le bouillon, l'eau et porter à ébullition.

- Ajouter le vinaigre de riz, la sauce soja, l'huile de sésame, l'huile de chile et les nouilles. Réduire la chaleur et laisser mijoter de 2 à 3 min.

- Ajouter les pois mange-tout et les oignons verts. Bien réchauffer et servir aussitôt.

INGRÉDIENTS

- 2 c. à café (2 c. à thé) d'huile de canola (colza)
- 1 gousse d'ail, émincée
- 240 g (8 oz) d'escalopes de dindon, en languettes de la taille d'une bouchée
- 60 g (1 tasse) de champignons frais, hachés
- 1 c. à café (1 c. à thé) de gingembre frais, râpé
- 2 boîtes de conserve de 284 ml (10 oz) de bouillon de poulet
- 750 ml (3 tasses) d'eau
- 1 c. à soupe de vinaigre de riz ou de jus de citron
- 1 c. à soupe de sauce soja
- 1 c. à café (1 c. à thé) d'huile de sésame
- 1/4 c. à café (1/4 c. à thé) d'huile de chile piquante ou de tabasco
- 150 g (5 oz) de nouilles à chow mein ou de nouilles de riz fraîches
- 160 g (1 tasse) de pois mange-tout, coupés en biais
- 40 g (1/2 tasse) d'oignons verts, hachés

28.10.10

Minestrone de dindon express

4 à 6 portions · Cuisson : 25 min

- 2 c. à soupe d'huile d'olive
- 360 g (12 oz) de poitrine de dindon désossée et coupée en cubes de 2 cm (¾ po)
- 2 carottes, en tranches fines
- 2 branches de céleri, en tranches fines
- 2 gousses d'ail, émincées
- 1 oignon, haché
- 2 c. à café (2 c. à thé) de basilic frais, haché ou la moitié de basilic séché
- 2 c. à café (2 c. à thé) d'origan frais, haché ou la moitié d'origan séché
- 796 ml (28 oz) de tomates en dés, en conserve
- 2 c. à soupe de concentré de tomate
- 2 c. à soupe de farine
- 750 ml (3 tasses) de lait
- 75 g (1 tasse) de pâtes courtes (coquilles, macaronis ou boucles)
- 540 ml (19 oz) de pois chiches ou de haricots rouges en conserve, égouttés et rincés
- 50 g (2 tasses) de jeunes pousses d'épinards
- Sel et poivre fraîchement moulu
- Parmesan, fraîchement râpé

• Dans une grande casserole, chauffer la moitié de l'huile à feu moyen. Faire dorer le dindon, quelques morceaux à la fois, en ajoutant de l'huile au besoin. Mettre le dindon cuit dans un bol et réserver.

• Ajouter le reste de l'huile et faire revenir les carottes, le céleri, l'ail, les oignons, le basilic et l'origan environ 5 min ou jusqu'à ce que les légumes soient tendres. Ajouter les tomates et le concentré de tomate, porter à ébullition en s'assurant que la préparation ne colle pas au fond de la casserole.

• À l'aide d'un fouet, mélanger la farine et le lait, puis verser petit à petit dans la casserole. Porter à ébullition, en remuant fréquemment. Ajouter les pâtes, réduire la chaleur, couvrir et laisser mijoter environ 8 min ou jusqu'à ce que les pâtes soient presque tendres. Ajouter le dindon et son jus et les pois chiches. Poursuivre la cuisson 5 min ou jusqu'à ce que le dindon perde sa teinte rosée à l'intérieur et que les pâtes soient tendres.

• Retirer du feu, ajouter les épinards et remuer jusqu'à ce qu'ils soient attendris. Saler et poivrer. Verser dans des bols et saupoudrer de parmesan avant de servir.

Soupe de boulettes au dindon

PRÉPARATION : 15 MIN

- Dans un bol, mettre le dindon, la chapelure, l'œuf, les assaisonnements, le sel et le poivre. Bien mélanger et façonner en boulettes.
- Préchauffé le four à 180 °C (350 °F).
- Faire cuire les boulettes 30 min sur une plaque à pâtisserie.
- Dans une casserole, porter à ébullition le bouillon de dindon, ajouter les épinards, couvrir et laisser bouillir 5 min.
- Ajouter les boulettes de dindon cuites au bouillon, et porter à ébullition. Saupoudrer de parmesan et servir aussitôt.

Soupe orientale au dindon et aux légumes

4 portions · Cuisson : 15 min

PRÉPARATION : 10 MIN

- Dans une grande casserole, porter à ébullition le bouillon de poulet et l'eau.
- Ajouter les légumes, les vermicelles et le dindon. Porter de nouveau à ébullition et cuire à découvert 5 min en remuant fréquemment.
- Ajouter l'œuf, remuer puis retirer du feu. Incorporer la sauce soja, l'huile de sésame, le sel et le poivre.
- Bien mélanger et verser dans des bols. Garnir d'oignons verts et servir aussitôt.

INGRÉDIENTS

- 480 g (1 lb) de dindon haché, cru
- 30 g (¼ tasse) de chapelure
- 1 œuf
- 1 c. à soupe de persil
- ½ c. à café (½ c. à thé) de thym frais, haché ou la moitié de thym séché
- ¼ c. à café (¼ c. à thé) de poudre d'ail
- 1 c. à café (1 c. à thé) d'origan frais, haché ou la moitié d'origan séché
- Sel et poivre
- 1 litre (4 tasses) de bouillon de dindon
- 50 g (2 tasses) d'épinards, en morceaux
- 30 g (¼ tasse) de parmesan, râpé

- 284 ml (10 oz) de bouillon de poulet en conserve
- 1 litre (4 tasses) d'eau
- 400 g (2 tasses) de légumes mélangés, surgelés
- 90 g (1 tasse) de vermicelles
- 270 g (1 ½ tasse) de dindon cuit, en fines lanières
- 1 œuf, battu légèrement
- 2 c. à soupe de sauce soja
- 1 c. à café (1 c. à thé) d'huile de sésame (facultatif)
- Sel et poivre
- 1 oignon vert, en rondelles

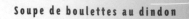

Chaudrée de dindon

PRÉPARATION : 10 MIN

INGRÉDIENTS

- 2 c. à soupe de beurre
- 1 petit oignon, en dés
- 1 branche de céleri, en dés
- 2 carottes, en dés
- 2 c. à soupe de farine
- 750 ml (3 tasses) de bouillon de poulet
- 360 g (2 tasses) de dindon cuit, haché
- 1 pomme de terre, pelée et coupée en dés
- 135 g (³/₄ tasse) de maïs surgelé
- 1 c. à café (1 c. à thé) de thym frais, haché ou la moitié de thym séché
- Sel et poivre

• Dans un poêlon, chauffer le beurre et faire revenir les oignons, le céleri et les carottes environ 1 min. Retirer du feu et ajouter la farine. Mélanger et cuire à feu doux 1 min. Ajouter le bouillon et porter à ébullition. Ajouter le dindon, la pomme de terre, le maïs et le thym.

• Cuire à feu doux 15 min ou jusqu'à ce que la pomme de terre soit cuite. Saler et poivrer.

Soupe au dindon et aux nouilles épicées

- 4 gousses d'ail, hachées finement
- ½ c. à soupe de cumin moulu
- ½ c. à café (½ c. à thé) de curcuma
- ¼ c. à café (¼ c. à thé) de cari
- 240 g de filets de dindon, en fines lanières
- 1,25 litre (5 tasses) de bouillon de poulet
- ½ c. à café (½ c. à thé) de zeste de lime ou de citron, râpé
- 2 c. à soupe de jus de lime ou de citron
- 2 c. à café (2 c. à thé) de gingembre frais, haché
- 1 c. à café (1 c. à thé) de sucre
- 1 c. à café (1 c. à thé) de pâte de piment
- 120 g (4 oz) de vermicelles de riz
- 50 g (1 tasse) de germes de soja
- 60 g (1 tasse) de laitue chinoise, hachée grossièrement
- Coriandre fraîche, hachée

• Dans une casserole, mélanger l'ail, le cumin, le curcuma et le cari. Cuire à feu moyen 1 min en remuant sans cesse. Ajouter le dindon, le bouillon, le zeste et le jus de lime, le gingembre, le sucre et la pâte de piment. Porter à ébullition. Réduire la chaleur et laisser mijoter 5 min.

• Ajouter les vermicelles et laisser mijoter 3 min. Ajouter les germes de soja et la laitue. Cuire environ 1 min. Verser dans des bols individuels et saupoudrer de coriandre.

SALADES

Salade César au dindon

4 portions · Cuisson : 15 min

- Dans un bol, mélanger le vinaigre, le bouillon, l'ail, la moutarde, l'huile et le parmesan. Assaisonner.
- Dans un plat peu profond, verser la moitié de la vinaigrette, ajouter le dindon. Couvrir et laisser mariner au réfrigérateur de 4 à 6 h.
- Ajouter la crème à l'autre moitié de la vinaigrette et réserver.
- Dans un poêlon, faire sauter les morceaux de dindon égouttés, 2 à 3 min ou jusqu'à ce qu'ils aient perdu leur coloration rosée.
- Garnir 4 assiettes de laitue. Ajouter le dindon, parsemer de croûtons et de tomates, arroser de vinaigrette réservée et saupoudrer de parmesan.

INGRÉDIENTS

- 2 c. à soupe de vinaigre de vin
- 60 ml (¼ tasse) de bouillon de poulet
- 2 gousses d'ail, émincées
- 1 c. à café (1 c. à thé) de moutarde de Dijon
- 60 ml (¼ tasse) d'huile d'olive
- 60 g (½ tasse) de parmesan, râpé
- Sel et poivre
- 480 g (1 lb) de poitrines de dindon désossées et coupées en cubes ou en lanières
- 1 c. à soupe de crème 10 %
- Laitue romaine, déchiquetée en bouchées
- Croûtons
- Tomates cerises, coupées en 2
- Parmesan, râpé

Salade Waldorf au dindon

6 portions

- Dans une grande casserole remplie d'eau bouillante salée, cuire les pâtes en suivant les indications inscrites sur l'emballage. Égoutter, rincer et mettre de côté dans un grand saladier.
- Mélanger la sauce à salade, le yogourt et la moutarde. Verser sur les pâtes et remuer pour bien enrober.
- Incorporer le dindon, le céleri et les pommes. Au moment de servir, garnir de noix et de persil.

- 225 g (3 tasses) de pâtes
- 80 ml (⅓ tasse) de sauce à salade ou de mayonnaise légère
- 80 ml (⅓ tasse) de yogourt nature
- 2 c. à café (2 c. à thé) de moutarde de Dijon
- 480 g (2 tasses) de dindon cuit, en cubes ou de poitrine de dinde, cuite au four (charcuterie)
- 2 branches de céleri, hachées
- 2 pommes, hachées
- 50 g (½ tasse) de morceaux de noix de Grenoble ou de pacanes grillées
- 7 g (¼ tasse) de persil frais, haché (facultatif)

Salade de dindon fumé et de crevettes

Salade de dindon fumé et de crevettes

6 portions · Cuisson : 8 min

- 1 grosse laitue romaine ou autre
- 240 g (8 oz) de poitrine de dindon fumé, en tranches coupées en languettes de 1 cm (¹/₂ po) (charcuterie)
- 240 g (8 oz) de crevettes cuites, décortiquées
- 1 poivron rouge moyen, en dés
- 2 oignons verts, hachés
- 50 g (¹/₂ tasse) de noix de cajou, en morceaux
- 175 ml (³/₄ tasse) de mayonnaise légère
- 1 c. à soupe de sauce de soja
- 1 c. à soupe d'eau
- 1 c. à soupe de cassonade ou de sucre roux
- ¹/₂ c. à café (¹/₂ c. à thé) d'huile de sésame
- ¹/₄ c. à café (¹/₄ c. à thé) de gingembre moulu

- Mettre la laitue dans un grand saladier. Ajouter le dindon, les crevettes, les poivrons, les oignons verts et remuer légèrement.

- Préchauffer le four à 180 °C (350 °F).

- Mettre les noix en une seule couche sur une plaque à pâtisserie et les passer au four de 6 à 8 min, jusqu'à ce qu'elles soient dorées. Réserver.

- Dans un bol moyen, mélanger la mayonnaise, la sauce de soja, l'eau, la cassonade, l'huile de sésame et le gingembre. Bien mélanger pour marier les saveurs. Verser cette sauce sur la salade et mélanger pour bien enrober le tout. Garnir de noix grillées. La sauce à salade peut être préparée à l'avance et réfrigérée jusqu'à 2 jours.

Salade de pâtes et de dindon à la méditerranéenne

12 portions · Cuisson : 15 min

- 300 g (4 tasses) de pâtes sèches (rotinis ou fusillis)
- 796 ml (28 oz) de tomates en morceaux en conserve, égouttées
- 250 ml (1 tasse) de mayonnaise
- 120 g (1 tasse) d'olives noires, en tranches
- 180 g (1 tasse) de poitrine de dindon, en tranches (charcuterie) coupées en lanières de 1,25 cm (¹/₂ po) sur la longueur
- 1 courgette, en tranches fines
- 60 g (¹/₂ tasse) de parmesan, râpé
- 1 c. à café (1 c. à thé) de persil frais, haché ou la moitié de persil séché
- ¹/₄ c. à café (¹/₄ c. à thé) de poivre fraîchement moulu

- Dans une grande casserole remplie d'eau bouillante salée, cuire les pâtes en suivant les indications inscrites sur l'emballage. Égoutter, rincer et laisser refroidir dans un saladier.

- Dans un bol, mélanger les tomates et la mayonnaise. Mettre ce mélange dans les pâtes cuites et remuer légèrement. Ajouter les olives, le dindon, les courgettes, le parmesan, le persil et le poivre. Mélanger, couvrir et réfrigérer au moins 1 h avant de servir.

Salade chaude d'épinards et de dindon

4 portions · Cuisson : 5 min

- Mettre les épinards dans un grand saladier. Réserver.

- Dans une poêle, chauffer l'huile à feu moyen-vif et faire revenir l'ail jusqu'à ce qu'il devienne transparent. Réduire à feu moyen-doux, ajouter les champignons et les poivrons. Bien mélanger, ajouter le dindon et poursuivre la cuisson 1 ou 2 min pour bien réchauffer.

- À l'aide d'une cuillère, verser la préparation de dindon chaude sur les épinards. Ajouter le similibacon, poivrer et bien remuer. Répartir dans 4 assiettes à salade.

- Dans une poêle, porter les ingrédients de la vinaigrette à ébullition. Asperger la salade de vinaigrette chaude et servir aussitôt.

INGRÉDIENTS

- 1 paquet d'épinards frais, lavés et déchiquetés en bouchées
- 60 ml ($^1\!/_4$ tasse) d'huile d'olive
- 2 ou 3 gousses d'ail, émincées
- 60 g (1 tasse) de champignons frais, tranchés
- 1 poivron rouge, haché
- 360 g (2 tasses) de dindon cuit, en cubes
- 35 g ($^1\!/_4$ tasse) de similibacon en morceaux
- $^1\!/_4$ c. à café ($^1\!/_4$ c. à thé) de poivre

VINAIGRETTE
- 60 ml ($^1\!/_4$ tasse) de vinaigre de cidre
- 30 g ($^1\!/_4$ tasse) de cassonade ou de sucre roux
- 2 c. à soupe d'eau
- $^1\!/_2$ c. à café ($^1\!/_2$ c. à thé) de gingembre moulu

Salade d'épinards, de mandarines et de dindon

8 portions

INGRÉDIENTS

- 300 g (10 oz) d'épinards frais, sans tiges, lavés, égouttés et déchiquetés en bouchées
- 480 g (1 lb) de poitrine de dindon fumée (charcuterie), en fines lanières
- 284 ml (10 oz) de quartiers de mandarines en conserve, bien égouttés
- 120 g (1 tasse) d'oignons rouges, en tranches très fines
- 60 g (½ tasse) d'arachides, rôties à sec et salées
- 60 g (½ tasse) de raisins secs dorés
- 60 ml (¼ tasse) d'huile d'olive
- 1 c. à soupe de vinaigre de vin blanc
- 1 c. à soupe de chutney à la mangue (facultatif)
- ½ c. à café (½ c. à thé) de cari
- ½ c. à café (½ c. à thé) de moutarde en poudre
- ½ c. à café (½ c. à thé) de sel

PRÉPARATION : 20 MIN

• Dans un grand saladier, mélanger les épinards, le dindon, les quartiers de mandarines, les oignons, les arachides et les raisins secs. Couvrir et réfrigérer jusqu'au moment de servir.

• Dans un petit bol, mélanger l'huile, le vinaigre, le chutney, le cari, la moutarde et le sel. Couvrir et réserver à température ambiante.

• Au moment de servir, verser la marinade sur la salade et touiller pour bien enrober.

SANDWICHES

Roulés de dindon aux épinards à la méditerranéenne

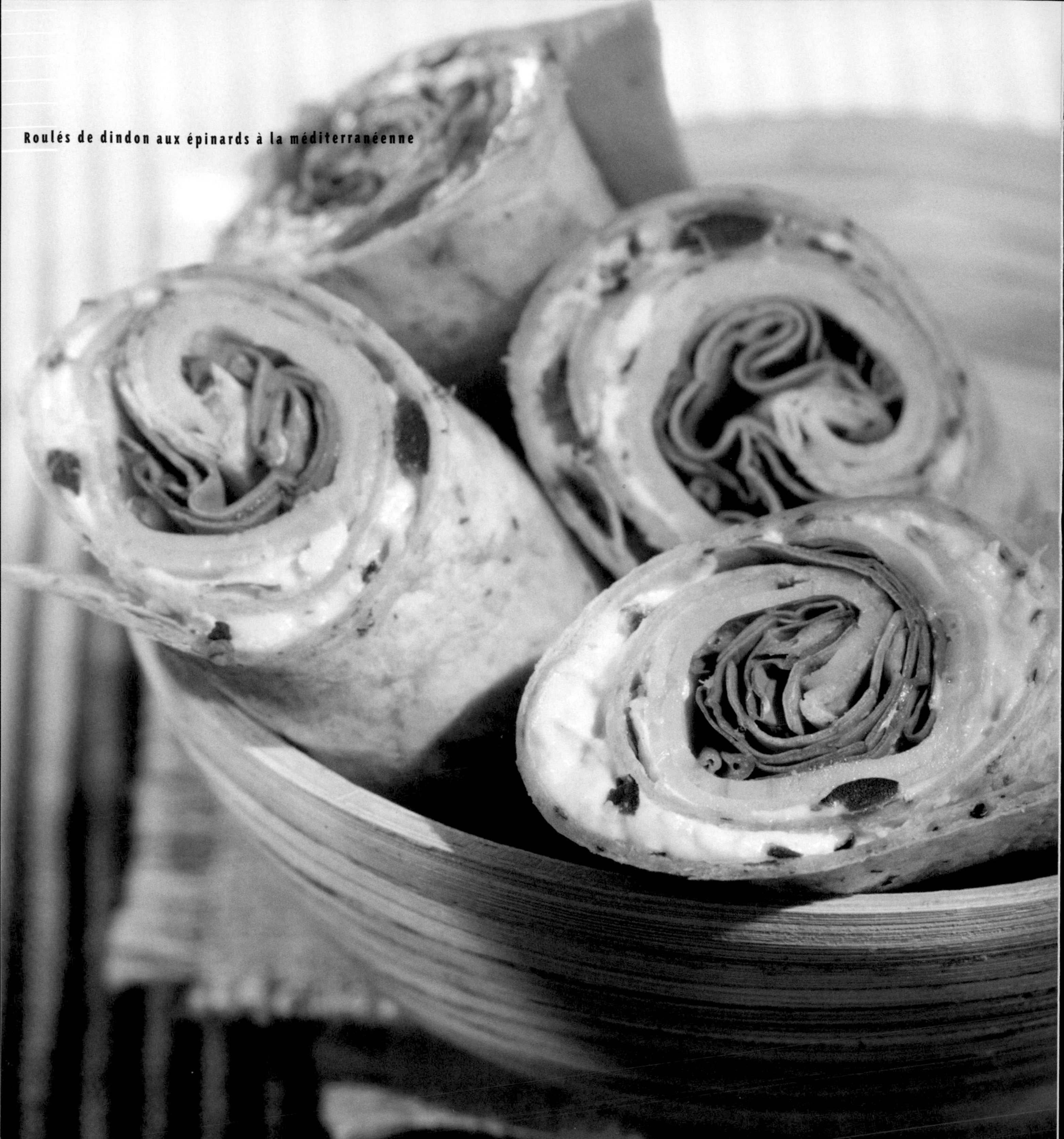

Roulés de dindon aux épinards
à la méditerranéenne

- 125 g (½ tasse) de fromage à la crème, à la ciboulette et à l'oignon
- 50 g (½ tasse) de fromage feta, émietté (au goût le plus prononcé possible)
- 30 g (¼ tasse) d'olives noires, hachées
- 1 c. à café (1 c. à thé) d'origan frais, haché ou la moitié d'origan séché
- 4 tortillas de farine de 20 cm (8 po) de diamètre, de préférence aux épinards
- 120 g (4 oz) de rôti de poitrine de dindon fumé à l'ancienne, en tranches fines
- 25 g (1 tasse) de feuilles d'épinards, lavées, non tassées

• Dans un bol, bien mélanger le fromage à la crème, la feta, les olives et l'origan. Tartiner uniformément la surface entière des tortillas de ce mélange. Recouvrir la moitié de chacune des tortillas de tranches de rôti de poitrine de dindon fumé puis d'épinards.

• Rouler fermement les tortillas en commençant par la moitié recouverte de dindon et d'épinards. Envelopper chacun des rouleaux d'une pellicule plastique. Réfrigérer au moins 1 h.

• Les rouleaux peuvent être préparés un jour à l'avance.

Sandwich-repas au dindon

- 1 miche de pain ronde
- 125 ml (½ tasse) de mayonnaise légère
- 120 g (4 oz) ou plus de tranches de poitrine de dindon, de charcuteries de dindon ou de dindon cuit
- 75 g (1 ½ tasse) d'épinards frais, fermement tassés
- 45 g (½ tasse) d'oignons, hachés
- 60 ml (¼ tasse) de sauce aux canneberges entières
- 120 g (1 tasse) de mozzarella, râpée

• À l'aide d'un couteau bien affûté, retrancher 1,25 cm (½ po) de la partie supérieure de la miche de pain. Creuser l'intérieur de la miche à la main et badigeonner le fond, les côtés et le capuchon de mayonnaise. Dans la miche, mettre par couches le dindon, les épinards, les oignons, la sauce aux canneberges et la mozzarella.

• Préchauffer le four à 190 °C (375 °F).

• Remettre le capuchon de pain en place et emballer la miche de papier d'aluminium. Réchauffer au four environ 30 min ou jusqu'à ce que le fromage soit fondu. Laisser reposer 20 min avant de servir.

Sandwich club au dindon en couronne

10 portions · Cuisson : 25 min

- Préchauffer le four à 190 °C (375 °F). Dans un bol moyen, bien mélanger la mayonnaise, la moutarde, le persil et les oignons. Dans un autre bol, mélanger le dindon cuit, les tranches dindon genre bacon, 90 g (³/₄ tasse) de cheddar et 80 ml (¹/₃ tasse) du mélange de mayonnaise.

- Dérouler la pâte à croissants en disposant les triangles en forme de cercle sur une plaque ronde de 33 cm (13 po) allant au four. Superposer les côtés plus larges au centre de la plaque et disposer les pointes des triangles vers l'extérieur. Bien aplatir la pâte à croissants. À l'aide d'une cuillère, déposer le mélange de dindon au centre des triangles de pâte. Rabattre les pointes de pâte à croissants vers le centre pour former une couronne. Disposer les quartiers de tomates sur la garniture au dindon, dans les ouvertures de la couronne.

- Cuire au four de 20 à 25 min. Retirer du four et saupoudrer aussitôt avec le reste de fromage. Décalotter le piment de côté du pédoncule avant de l'évider et de l'épépiner. Farcir le poivron du reste du mélange de mayonnaise et le déposer au centre de la couronne.

INGRÉDIENTS

- 250 ml (1 tasse) de mayonnaise
- 2 c. à soupe de moutarde de Dijon
- 2 c. à soupe de persil frais, haché
- 1 c. à soupe d'oignons, hachés finement
- 540 g (3 tasses) de dindon cuit, coupé en petits morceaux
- 4 tranches de dindon genre bacon, cuites jusqu'à ce qu'elles soient croustillantes et coupées en petits morceaux
- 140 g (1 tasse) de cheddar, râpé finement
- 2 paquets de pâte à croissants (8 pâtes par paquet) réfrigérée non cuite
- 1 ou 2 tomates italiennes, en quartiers fins
- 1 poivron rouge ou vert moyen

Roulés de dindon à la mode thaï, sauce à l'arachide

4 portions · Macération : 2 h · Cuisson : 8 min

SAUCE À L'ARACHIDE
• Dans un bol, mélanger au fouet tous les ingrédients qui composent la sauce, jusqu'à l'obtention d'une texture homogène. Réserver à température ambiante.

MARINADE
• Mélanger au fouet tous les ingrédients qui composent la marinade. Réserver 60 ml (¼ tasse) de cette marinade. Déposer les escalopes de dindon dans le reste de marinade et réfrigérer 2 h.

SALADE ORIENTALE
• Bien mélanger tous les ingrédients qui composent la salade. Réfrigérer jusqu'au moment de servir.

INGRÉDIENTS

SAUCE À L'ARACHIDE
• 125 ml (½ tasse) d'huile d'arachide
• 1 c. à soupe de gingembre moulu
• 1 c. à café (1 c. à thé) de piment en flocons, écrasés
• 2 c. à soupe de cassonade ou de sucre roux
• 60 ml (¼ tasse) de sauce aux prunes
• 125 ml (½ tasse) de vinaigre de riz
• 120 g (½ tasse) de beurre d'arachide crémeux

MARINADE
• 2 c. à café (2 c. à thé) d'huile de sésame
• 1 c. à soupe d'ail, émincé
• 1 c. à café (1 c. à thé) de gingembre moulu
• ½ c. à café (½ c. à thé) de piment en flocons, écrasés
• 2 c. à soupe de vinaigre de riz
• 2 c. à soupe de sauce soja
• 125 ml (½ tasse) de sauce aux prunes

SALADE ORIENTALE
• 360 g (2 tasses) de chou nappa, en lanières
• 20 g (¼ tasse) de carottes, râpées
• 20 g (¼ tasse) d'oignons verts (partie verte), en petits dés
• 30 g (¼ tasse) de poivrons rouges, parés et en petits dés
• 45 g (¼ tasse) de germes de soja mungos
• 7 g (¼ tasse) de feuilles de coriandre, non tassées
• ½ c. à café (½ c. à thé) de gingembre moulu
• 1 c. à soupe de vinaigre de riz
• ½ c. à café (½ c. à thé) de sucre

INGRÉDIENTS

MONTAGE

- 1 c. à soupe d'huile d'arachide
- 4 escalopes de dindon de 180 g (6 oz) chacune
- 12 tortillas de farine de 15 cm (6 po) de diamètre chacune
- Coriandre fraîche

MONTAGE

- Dans une sauteuse, chauffer 1 c. à soupe d'huile d'arachide à feu moyen. Faire revenir les escalopes de dindon 3 à 4 min de chaque côté ou jusqu'à ce qu'elles soient cuites à point. Retirer les escalopes et les couper en fines lanières.

- Ajouter la marinade réservée aux lanières de dindon et bien mélanger.

- Mettre 60 g (2 oz) de dindon, 2 c. à soupe de salade orientale et 1 c. à soupe de sauce à l'arachide sur chacune des tortillas. Rouler fermement. Servir 3 roulés par portion, accompagner d'une bonne cuillerée de salade orientale et garnir de feuilles de coriandre.

Sandwiches originaux

Combinaisons savoureuses et inusitées :

CROISSANT AU DINDON À L'ORIENTALE

Mélanger du dindon cuit défait en filaments, des châtaignes d'eau en lanières, des oignons verts et des germes de soja. Incorporer de la mayonnaise additionnée de gingembre frais. Étendre le mélange sur un croissant et garnir de poivron rouge haché.

SANDWICH OUVERT AU DINDON ET AUX ASPERGES À LA DANOISE

Disposer des tranches minces de poitrine de dindon sur du pain beurré. Recouvrir d'asperges marinées, garnir de piment de la Jamaïque et saupoudrer de graines de sésame.

SANDWICH AU DINDON GOURMET

Mettre sur un pain à hamburger ou une tranche de pain de très nombreuses tranches fines de dindon fumé. Recouvrir de pacanes et de céleri. Accompagner d'une mayonnaise relevée de jus et de zeste d'orange.

Rouleaux de dindon à la tomate et au basilic

4 portions · Cuisson : 25 min

- Préchauffer le four à 190 °C (375 °F).

- Dans un petit bol, mélanger le parmesan, l'assaisonnement à l'italienne, le sel et le poivre. Saupoudrer les escalopes de ce mélange, d'un seul côté, et recouvrir de basilic. Répartir uniformément les tomates sur les escalopes.

- Rouler fermement les escalopes pour bien retenir la farce. Vaporiser chaque rouleau d'antiadhésif puis enrober de chapelure.

- Enduire une lèchefrite de 10 x 33 x 2,5 cm (14 x 9 x 1 po) d'antiadhésif et mettre les rouleaux de dindon, bordures en dessous. Cuire au four 20 à 25 min ou jusqu'à ce que le thermomètre, au centre des rouleaux, atteigne 77 °C (170 °F).

- Servir les rouleaux de dindon sur un lit de mesclun arrosé de vinaigrette.

Ingrédients :
- 30 g (¼ tasse) de parmesan, râpé
- ¼ c. à café (¼ c. à thé) d'assaisonnement à l'italienne
- ¼ c. à café (¼ c. à thé) de sel
- ¼ c. à café (¼ c. à thé) de poivre noir fraîchement moulu
- 480 g (1 lb) d'escalopes de poitrine de dindon, environ 120 g (4 oz) chacune
- 15 g (½ tasse) de basilic frais, en julienne
- 2 tomates italiennes, épépinées, en julienne
- Antiadhésif à l'huile d'olive en aérosol
- 30 g (¼ tasse) de chapelure assaisonnée
- Mesclun
- Vinaigrette

Dindon cordon-bleu

4 portions · Macération : 30 min · Cuisson : 18 min

- Préchauffer le four à convexion à 180 °C (350 °F).

- Aplatir légèrement, au besoin, les escalopes de dindon dans une pellicule plastique. Découvrir et laisser mariner 30 min dans la vinaigrette, au réfrigérateur. Égoutter.

- Mettre 15 g (½ oz) de prosciutto et 1 tranche de fromage sur 4 escalopes et recouvrir le fromage d'une deuxième escalope. Retenir à l'aide de fins bâtonnets. Couvrir et réfrigérer.

- Bien mélanger les œufs et le babeurre.

- Mélanger les flocons de maïs et les herbes.

- Enrober les escalopes du mélange d'œufs puis de flocons de maïs. Couvrir et réfrigérer jusqu'au moment de la cuisson.

- Cuire au four 17 à 18 min ou jusqu'à ce que les escalopes soient à point. Garnir au goût.

Ingrédients :
- 8 escalopes de poitrine de dindon de 90 g (3 oz) chacune
- 125 ml (½ tasse) de vinaigrette
- 60 g (2 oz) de prosciutto, en tranches fines
- 4 tranches de fromage emmental
- 2 gros œufs
- 80 ml (⅓ tasse) de babeurre
- 240 g (8 oz) de flocons de maïs, écrasés
- ½ c. à soupe de thym frais, émincé
- ½ c. à soupe d'origan frais, émincé

Rouleaux de dindon à la tomate et au basilic

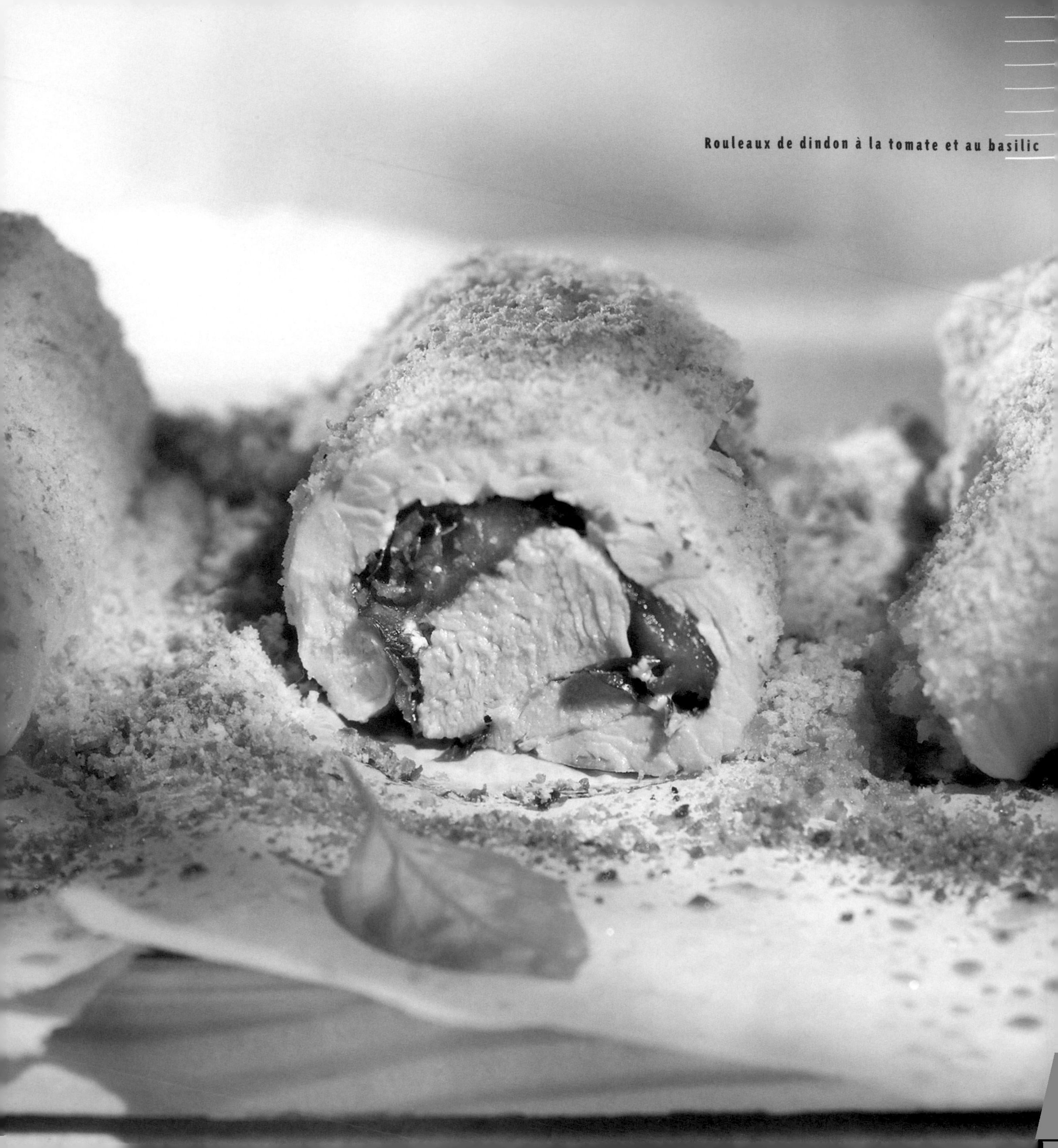

Dindon en sauce à la poêle

4 portions • Cuisson : 20 min

• Dans une grande poêle antiadhésive, chauffer l'huile à feu moyen-vif. Faire dorer les lanières de dindon environ 4 min avec la marjolaine, le sel et le poivre. Réserver dans une assiette.

• Dans la même poêle, ajouter le brocoli, les oignons, les poivrons et le bouillon. Porter à ébullition. Réduire à feu moyen, couvrir et cuire 4 min, en remuant de temps à autre. Poursuivre la cuisson 5 min à découvert.

• Remettre les lanières de dindon et le jus accumulé dans la poêle.

• Dans un petit bol, mélanger à l'aide d'un fouet le lait et la fécule de maïs jusqu'à ce que la fécule soit dissoute. Verser dans la poêle et cuire environ 3 min en remuant sans cesse, ou jusqu'à ce que la sauce épaississe légèrement et que le dindon perde sa teinte rosée à l'intérieur. Saupoudrer de cheddar et servir.

INGRÉDIENTS

- 2 c. à café (2 c. à thé) d'huile d'olive
- 480 g (1 lb) de poitrine de dindon, en lanières
- 2 c. à café (2 c. à thé) de marjolaine fraîche, hachée ou la moitié de marjolaine séchée
- 1/2 c. à café (1/2 c. à thé) de sel
- 1/2 c. à café (1/2 c. à thé) de poivre
- 480 g (3 tasses) de bouquets de brocoli, en petits morceaux, ou 2 paquets de 200 g (10 oz) chacun de bouquets de brocoli surgelés, cuits et égouttés
- 2 oignons, en tranches
- 1 poivron rouge, en lanières
- 125 ml (1/2 tasse) de bouillon de poulet
- 160 ml (2/3 tasse) de lait 2 %
- 1 c. à café (1 c. à thé) de fécule de maïs
- 70 g (1/2 tasse) de vieux cheddar, en filaments

Dindon piccata

INGRÉDIENTS

- 90 g ('/₂ tasse) de farine
- 2 c. à café (2 c. à thé) de zeste de citron, râpé
- '/₂ c. à café ('/₂ c. à thé) de sel
- 1 c. à café (1 c. à thé) de thym frais, haché ou la moitié de thym séché
- '/₄ c. à café ('/₄ c. à thé) de poivre fraîchement moulu
- 4 escalopes de poitrine de dindon d'environ 120 g (4 oz) chacune
- 1 œuf, battu légèrement
- 2 c. à café (2 c. à thé) de beurre non salé
- 2 c. à café (2 c. à thé) d'huile d'olive
- 1 c. à soupe de beurre
- 1 citron
- Persil frais, haché

- Dans un plat peu profond, mélanger la farine, le zeste, le sel, le thym et le poivre.
- Passer les escalopes dans l'œuf puis les enrober de farine des 2 côtés.
- Dans une poêle antiadhésive, faire chauffer la moitié du beurre et de l'huile à feu moyen. Cuire la moitié des escalopes 6 min en les retournant une fois, ou jusqu'à ce qu'elles perdent leur teinte rosée à l'intérieur. Essuyer la poêle et répéter l'opération avec le reste du beurre, de l'huile et des escalopes. Retirer les escalopes et réserver au chaud.
- Pour faire la sauce, ajouter 1 c. à soupe de beurre à la poêle et un trait de jus de citron. Laisser réduire légèrement à feu vif, en remuant. Assaisonner au goût et verser la sauce sur les escalopes. Garnir de persil et servir.

Pain de dindon

- 2 œufs, battus
- 175 ml (³/₄ tasse) de salsa moyenne, en morceaux
- 60 g ('/₂ tasse) de chapelure italienne
- '/₂ oignon, râpé
- '/₂ poivron vert ou rouge, en petits dés
- '/₂ c. à café ('/₂ c. à thé) d'assaisonnement au chili
- '/₂ c. à café ('/₂ c. à thé) de sel
- '/₂ c. à café ('/₂ c. à thé) de marjolaine fraîche, hachée ou la moitié de marjolaine séchée
- '/₄ c. à café ('/₄ c. à thé) de poivre
- 720 g (1 '/₂ lb) de dindon haché, cru
- 60 g ('/₂ tasse) de mozzarella ou de cheddar, en filaments

- Préchauffer le four à 190 °C (375 °F).
- Dans un bol, mélanger les œufs, 60 ml (¹/₄ tasse) de salsa, la chapelure, les oignons, les poivrons, l'assaisonnement au chili, le sel, la marjolaine et le poivre. Ajouter le dindon et mélanger.
- Avec le mélange, façonner un pain de viande de 20 x 10 cm (8 x 4 po) dans un moule de 1,5 litre (6 tasses). Recouvrir du reste de salsa.
- Cuire au four environ 1 h 20 min ou jusqu'à ce qu'un thermomètre à viande inséré au centre atteigne 85 °C (185 °F).
- Saupoudrer de fromage. Poursuivre la cuisson environ 5 min ou jusqu'à ce que le fromage soit fondu. Laisser reposer 5 min, égoutter le gras et servir.

Cretons au dindon

Cretons au dindon

12 portions · Cuisson : 2 h 10

- 1,4 kg (3 lb) de dindon haché cru
- 4 oignons, hachés finement
- 1 litre (4 tasses) de bouillon de poulet
- 1 c. à café (1 c. à thé) de sel
- ½ c. à café (½ c. à thé) de poivre
- 2 gousses d'ail, émincées
- 1 feuille de laurier
- 1 c. à café (1 c. à thé) de thym frais, haché ou la moitié de thym séché

• Mettre tous les ingrédients dans une casserole de fonte émaillée moyenne ou une casserole à fond épais. Bien mélanger. Couvrir et cuire à feu moyen pendant 10 min.

• Défaire la viande à l'aide d'une fourchette et cuire à nouveau environ 2 h en évitant d'ouvrir le couvercle. Le liquide doit être évaporé et la viande collée un peu au fond de la casserole. Sinon, retirer le couvercle et augmenter la chaleur jusqu'à évaporation complète.

• Retirer du feu et jeter la feuille de laurier. Rectifier l'assaisonnement. Fouetter à l'aide d'un batteur à main ou d'un mélangeur. Réfrigérer ou congeler.

Petits pains de dindon

6 portions · Cuisson : 35 min

- 410 ml (1 ²/₃ tasse) de tomates en dés, en conserve
- 750 g (1 ½ lb) de dindon haché, cru
- 75 g (¾ tasse) d'oignons, hachés finement
- 1 c. à soupe de sauce Worcestershire
- 1 gros œuf
- 1 c. à café (1 c. à thé) de sel
- 2 c. à café (2 c. à thé) de basilic frais, haché ou la moitié de basilic séché
- ½ c. à café (½ c. à thé) de poivre

SAUCE
- 2 c. à soupe de vinaigre blanc
- 1 c. à soupe d'oignons, hachés finement
- 1 c. à soupe de cassonade, tassée (facultatif)
- 1 c. à café (1 c. à thé) de moutarde sèche
- 1 c. à café (1 c. à thé) de sauce Worcestershire
- 1 goutte de tabasco

• Préchauffer le four à 220 °C (425 °F).

• Égoutter les tomates et réserver le jus.

• Dans un bol, mélanger les tomates, le dindon, les oignons, la sauce Worcestershire, l'œuf, le sel, le basilic et le poivre. Façonner 6 pains individuels. Verser un peu d'huile à cuisson dans un moule à muffins et mettre les pains de dindon. Cuire au four 20 min.

• Dans une petite casserole, mélanger le jus réservé et les ingrédients qui composent la sauce. Porter à ébullition. Réduire la chaleur et poursuivre la cuisson 15 min. Retirer les pains de dindon du four. Napper de sauce et servir aussitôt.

Escalopes de dindon à la dijonnaise

4 portions · Macération : 1 h · Cuisson : 5 min

- Dans un plat, mélanger tous les ingrédients qui composent la marinade et ajouter les escalopes. Couvrir et laisser macérer 2 h au réfrigérateur.
- Dans un poêlon, chauffer un peu d'huile et saisir les escalopes environ 1 à 2 min de chaque côté ou jusqu'à ce que le jus qui s'écoule de la viande soit clair.
- Servir avec un riz au cari et des légumes de saison.

INGRÉDIENTS

- 480 g (1 lb) d'escalopes de poitrine de dindon d'environ 120 g (4 oz) chacune

MARINADE
- 60 ml (¼ tasse) d'huile d'olive
- 60 ml (¼ tasse) de miel
- 80 ml (⅓ tasse) de moutarde de Dijon
- 2 c. à soupe de jus de citron
- 1 gousse d'ail, hachée
- Sel et poivre

Sauté de dindon au gingembre

4 portions · Cuisson : 15 min

- Dans un bol, mélanger le sirop d'érable, la sauce hoisin, le gingembre, la sauce soja, la fécule de maïs, l'ail et le blanc d'œuf. Ajouter le dindon et bien mélanger.
- Dans un wok ou une grande poêle, chauffer l'huile à feu élevé. Égoutter le dindon et réserver la marinade. Faire sauter le dindon jusqu'à ce qu'il soit doré. Réserver. Ajouter les légumes, la marinade et le bouillon. Faire cuire pendant 5 min ou jusqu'à ce que les légumes soient chauds. Ajouter le dindon et poursuivre la cuisson jusqu'à ce qu'il soit cuit. Servir avec du riz.

- 3 c. à soupe de sirop d'érable
- 2 c. à soupe de sauce hoisin
- 2 c. à soupe de gingembre frais, râpé
- 1 c. à soupe de sauce soja ou teriyaki
- 1 c. à soupe de fécule de maïs
- 4 gousses d'ail, hachées
- 1 blanc d'œuf
- 480 g (1 lb) de filets de dindon, en fines lanières
- 3 c. à soupe d'huile d'arachide
- 480 g (1 lb) de légumes surgelés au choix
- 60 ml (¼ tasse) de bouillon de poulet

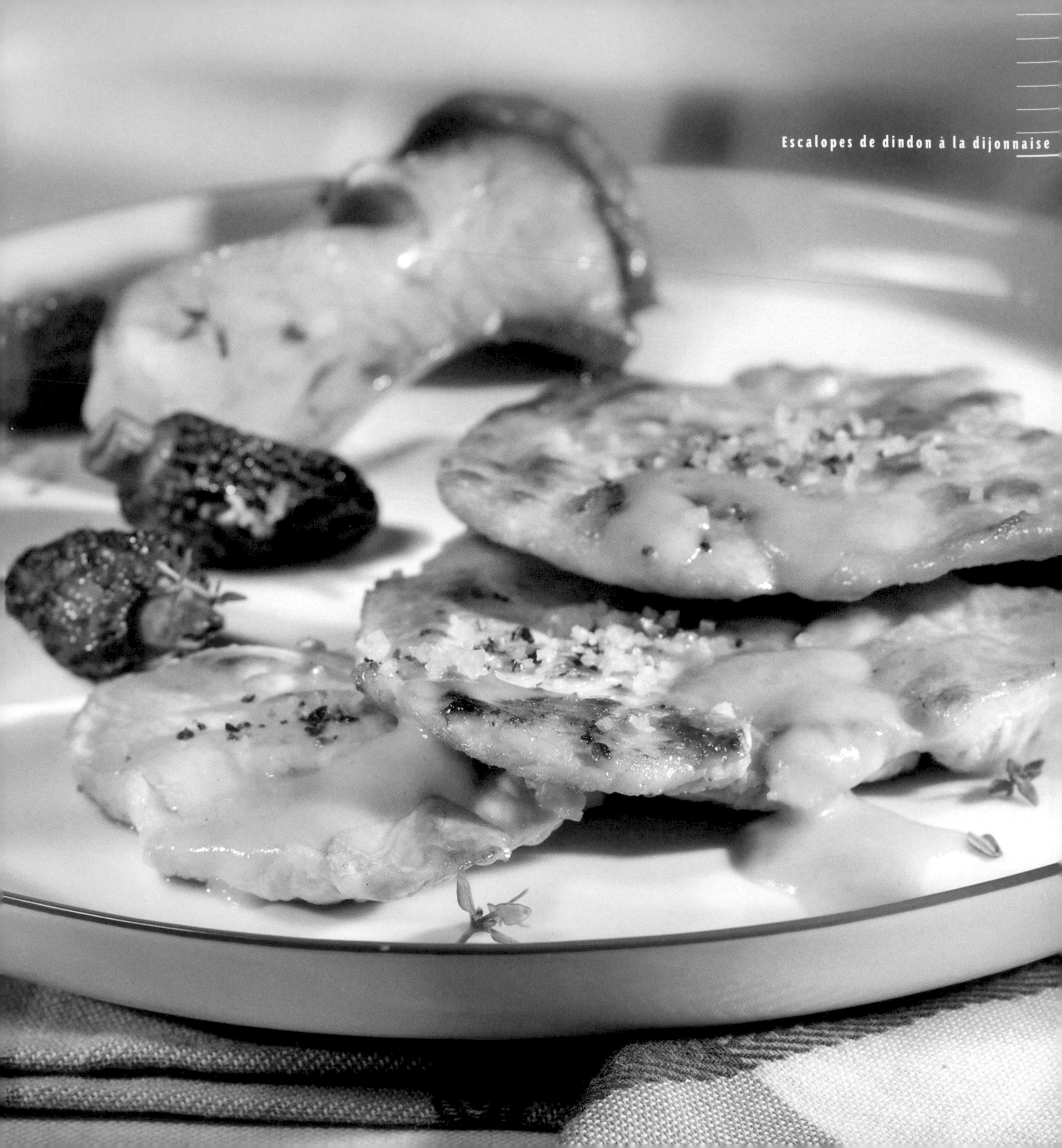

Escalopes de dindon à la dijonnaise

Tacos au dindon

INGRÉDIENTS

- 1 c. à soupe d'huile de canola (colza)
- 720 g (1 ½ lb) de dindon haché, cru
- 1 petit oignon, haché
- 1 c. à café (1 c. à thé) d'origan frais, haché ou la moitié d'origan séché
- 1 c. à soupe de poudre de chili
- 1 c. à café (1 c. à thé) de sel
- 1 c. à café (1 c. à thé) de paprika
- ¼ c. à café (¼ c. à thé) de poudre d'ail
- 6 coquilles à tacos (dures ou molles)

GARNITURE
- Tomates fraîches, en dés
- Laitue, coupée grossièrement
- Fromage cheddar ou monterey jack, râpé
- Olives noires, hachées
- Avocat, haché
- Salsa

- 1 c. à soupe d'huile d'olive
- 480 g (1 lb) de dindon haché, cru
- 1 oignon moyen, haché
- 2 gousses d'ail, émincées
- 540 ml (19 oz) de tomates en conserve, grossièrement hachées
- 156 ml (5 ½ oz) de concentré de tomate, en conserve
- 125 ml (½ tasse) d'eau
- 2 branches de céleri, hachées
- 1 carotte moyenne, hachée
- 2 c. à café (2 c. à thé) d'origan frais, haché ou la moitié d'origan séché
- 2 c. à café (2 c. à thé) de basilic frais ou la moitié de basilic séché
- ½ c. à café (½ c. à thé) de sauce Worcestershire
- Sel et poivre

Tacos au dindon

6 portions · Cuisson : 15 min

PRÉPARATION : 10 MIN

• Dans un poêlon, chauffer l'huile et faire sauter le dindon et les oignons jusqu'à ce que les oignons soient tendres et que le dindon ait perdu sa teinte rosée. Ajouter l'origan, la poudre de chili, le sel, le paprika et la poudre d'ail. Faire cuire à découvert, en remuant de temps à autre, jusqu'à évaporation du liquide. Réchauffer les coquilles à tacos 5 min au four préchauffé à 180 °C (350 °F). À l'aide d'une cuillère, remplir les coquilles du mélange en ajoutant des tomates, de la laitue, du fromage, des olives, de l'avocat et de la salsa.

VARIANTE

• On peut utiliser des lanières de dindon et des tortillas pour préparer d'excellentes fajitas au dindon.

Sauce à spaghetti au dindon

6 portions · Cuisson : 35 min

PRÉPARATION : 15 MIN

• Dans une grande casserole, chauffer l'huile et faire sauter le dindon, les oignons et l'ail, jusqu'à ce que les oignons soient tendres et que le dindon ait perdu sa teinte rosée. Ne pas trop cuire le dindon. Incorporer le reste des ingrédients, saler et poivrer. Porter à ébullition. Réduire la chaleur, couvrir et laisser mijoter 30 min.

FACULTATIF

• Ajouter 60 ml (¼ tasse) de vin rouge et ¼ c. à café (¼ c. à thé) de piment rouge en flocons.

Lasagne au dindon à la mode du Sud-Ouest

8 portions · Cuisson : 1 h

INGRÉDIENTS

- 480 g (1 lb) de dindon haché, cru
- 90 g (1 tasse) d'oignons, hachés
- 60 g (½ tasse) de poivrons verts, hachés
- 2 gousses d'ail, hachées
- 398 ml (14 oz) de sauce tomate en conserve
- 175 ml (¾ tasse) de salsa
- 1 c. à café (1 c. à thé) de cumin moulu
- 1 c. à café (1 c. à thé) d'assaisonnement au chili
- 6 tortillas de 20 cm (8 po) de diamètre, dont 2 coupées en quartiers
- 80 g (1 tasse) d'oignons verts, en tranches
- 60 g (½ tasse) d'olives noires, en tranches
- 140 g (1 tasse) de cheddar, râpé ou d'autre fromage

• Dans une grande poêle, faire revenir le dindon, les oignons, les poivrons et l'ail à feu moyen-vif pendant 5 min ou jusqu'à ce que le dindon ait perdu sa couleur rosée. Ajouter la sauce tomate, la salsa, le cumin et l'assaisonnement au chili. Porter à ébullition. Réduire la chaleur, couvrir et laisser mijoter 10 min.

• Vaporiser légèrement un plat allant au four de 23 x 33 cm (9 x 13 po) d'enduit végétal en aérosol. À l'aide d'une cuillère, étendre uniformément 250 ml (1 tasse) de sauce au fond du plat. Disposer 2 tortillas entières sur la sauce et les tortillas en quartiers dans les coins. Recouvrir de la moitié du reste de sauce. Parsemer de la moitié des oignons verts, des olives et du fromage. Recouvrir du reste des tortillas, de la sauce, des oignons verts et des olives.

• Préchauffer le four à 180 °C (350 °F).

• Couvrir de papier d'aluminium et cuire au four environ 30 min. Retirer le papier aluminium et saupoudrer de fromage. Poursuivre la cuisson 15 min ou jusqu'à ce que la lasagne commence à bouillonner et que le fromage soit fondu.

Mijoté de dindon aux champignons

6 portions · Cuisson : 5 h

• Dans un faitout, disposer en couches successives le dindon, les oignons, les carottes, le céleri et les champignons. Couvrir et cuire 4 h à feu doux.

• Dans un bol, mélanger la farine et la crème pour obtenir une préparation homogène, et verser dans le faitout. Ajouter l'estragon, le persil, le sel et le poivre. Ajouter les pois et remuer. Couvrir et poursuivre la cuisson 1 h ou jusqu'à ce que la sauce épaississe. Ajouter la crème sure au moment de servir pour une consistance plus onctueuse. Verser sur les vol-au-vent et servir aussitôt.

INGRÉDIENTS

- 480 g (1 lb) de filets de poitrine ou de hauts de cuisse de dindon, désossés et coupés en cubes
- 1 petit oignon, en tranches
- 55 g (½ tasse) de carottes, en rondelles de 1,25 cm (½ po)
- 55 g (½ tasse) de céleri, en dés
- 250 g (8 oz) de champignons, en tranches
- 3 c. à soupe de farine
- 250 ml (1 tasse) de crème 10 %
- 2 c. à café (2 c. à thé) d'estragon frais, haché ou la moitié d'estragon séché et écrasé
- 2 c. à café (2 c. à thé) de persil frais, haché ou la moitié de persil séché
- 1 c. à café (1 c. à thé) de sel
- Poivre
- 70 g (½ tasse) de pois congelés
- 125 ml (½ tasse) de crème sure (facultatif)
- 6 vol-au-vent, chauds

Ragoût de dindon

- 480 g (1 lb) dindon haché, cru
- 1 oignon, haché finement
- 1 gousse d'ail, hachée finement
- ¼ c. à café (¼ c. à thé) de cannelle moulue
- ¼ c. à café (¼ c. à thé) de clou de girofle moulu (facultatif)
- ¼ c. à café (¼ c. à thé) de muscade (facultatif)
- Sel et poivre
- 1 c. à soupe d'huile de canola (colza)
- 500 ml (2 tasses) d'eau ou de bouillon
- 45 g (¼ tasse) de farine grillée
- 60 ml (¼ tasse) d'eau froide

• Dans un bol, mélanger le dindon, les oignons, l'ail, la cannelle, le clou de girofle, la muscade, le sel et le poivre. Façonner en boulettes.

• Dans une grande casserole, chauffer l'huile et faire revenir les boulettes environ 5 min. Ajouter l'eau ou le bouillon, couvrir et laisser mijoter à feu doux environ 25 min.

• Mélanger la farine grillée et l'eau froide. Ajouter graduellement la farine grillée au bouillon et faire cuire jusqu'à la sauce épaississe.

NOTE

Pour préparer la farine grillée, étendre la farine dans une poêle épaisse et faire brunir sur le feu ou au four à 200 °C (400 °F). Surveiller la cuisson.

Escalopes de dindon panées aux amandes

- 60 g (½ tasse) d'amandes crues, en tranches ou moulues
- 30 g (¼ tasse) de parmesan, râpé
- ½ c. à café (½ c. à thé) de basilic frais, haché ou la moitié de basilic séché
- ½ c. à café (½ c. à thé) de paprika
- Sel
- 4 escalopes de poitrine de dindon
- 3 c. à soupe d'huile de canola (colza)
- 3 c. à soupe de beurre
- 125 ml (½ tasse) de vin blanc ou de jus de pomme
- 2 c. à café (2 c. à thé) de jus de citron

• Sur une feuille de papier paraffiné (ciré), mélanger les amandes, le parmesan, le basilic, le paprika et un peu de sel. Enrober les escalopes de ce mélange, une à la fois, sur les deux côtés.

• Dans une poêle, chauffer 1 c. à soupe d'huile et 1 c. à soupe de beurre à feu moyen et faire dorer les escalopes en les retournant une fois. Poursuivre la cuisson environ 10 min, jusqu'à ce que les escalopes aient perdu leur couleur rosée au centre.

• Réserver les escalopes cuites dans un plat de service chaud. Ajouter le reste du beurre et de l'huile, cuire le reste des escalopes et les réserver dans le plat de service. Ajouter à la poêle le vin, le jus de citron et porter rapidement à ébullition jusqu'à ce que la sauce épaississe légèrement. Verser la sauce sur les escalopes de dindon et servir aussitôt.

Chili express à la saucisse de dindon

4 portions · Cuisson : 25 min

- Dans une grande poêle antiadhésive, chauffer l'huile à feu moyen-vif. Ajouter le dindon, les oignons et faire revenir 5 à 6 min, en défaisant la viande à l'aide d'une cuillère de bois, jusqu'à ce que le dindon perde sa teinte rosée.

- Ajouter le céleri et poursuivre la cuisson 2 à 3 min, en remuant sans cesse.

- Ajouter le reste des ingrédients, bien mélanger, couvrir et porter à ébullition. Réduire la chaleur et laisser mijoter 10 à 15 min, en remuant de temps à autre pour empêcher le chili de coller. Ajouter jusqu'à 60 ml (¼ tasse) d'eau si la consistance est trop épaisse.

- 2 c. à café (2 c. à thé) d'huile d'olive
- 480 g (1 lb) de saucisses de dindon sans boyaux
- 1 oignon moyen, haché
- 2 branches de céleri, hachées
- 250 ml (1 tasse) de salsa
- 1 c. à café (1 c. à thé) d'assaisonnement au chili
- 540 ml (19 oz) de haricots mélangés en conserve, non égouttés
- 341 ml (12 oz) de maïs en grains en conserve, égoutté

Dindon à la crème de champignons

4 portions · Cuisson : 30 min

- Dans une poêle antiadhésive, faire dorer le dindon à feu moyen. Dans une grande casserole, chauffer le beurre et faire revenir environ 2 min les oignons, le céleri et le thym, s'il s'agit de thym séché (s'il est frais, l'ajouter au moment de servir). Saler et poivrer.

- Ajouter les champignons et faire revenir 5 min. Ajouter la farine et bien mélanger. Retirer du feu. Verser le lait petit à petit en remuant vigoureusement. Remettre la casserole sur le feu, ajouter le dindon et le sherry, amener à légère ébullition. Réduire la chaleur et laisser mijoter 20 min à feu doux. Accompagner de riz, de pâtes ou de pommes de terre en purée.

- 480 g (1 lb) de poitrine de dindon, en petits cubes
- 1 c. à soupe de beurre
- 25 g (¼ tasse) d'oignons, en dés
- 25 g (¼ tasse) de céleri, en dés
- 1 c. à soupe de thym frais, haché ou la moitié de thym séché
- Sel et poivre
- 400 g (1 lb) de champignons frais, en tranches
- 45 g (¼ tasse) de farine
- 1 litre (4 tasses) de lait chaud
- 125 ml (½ tasse) de sherry

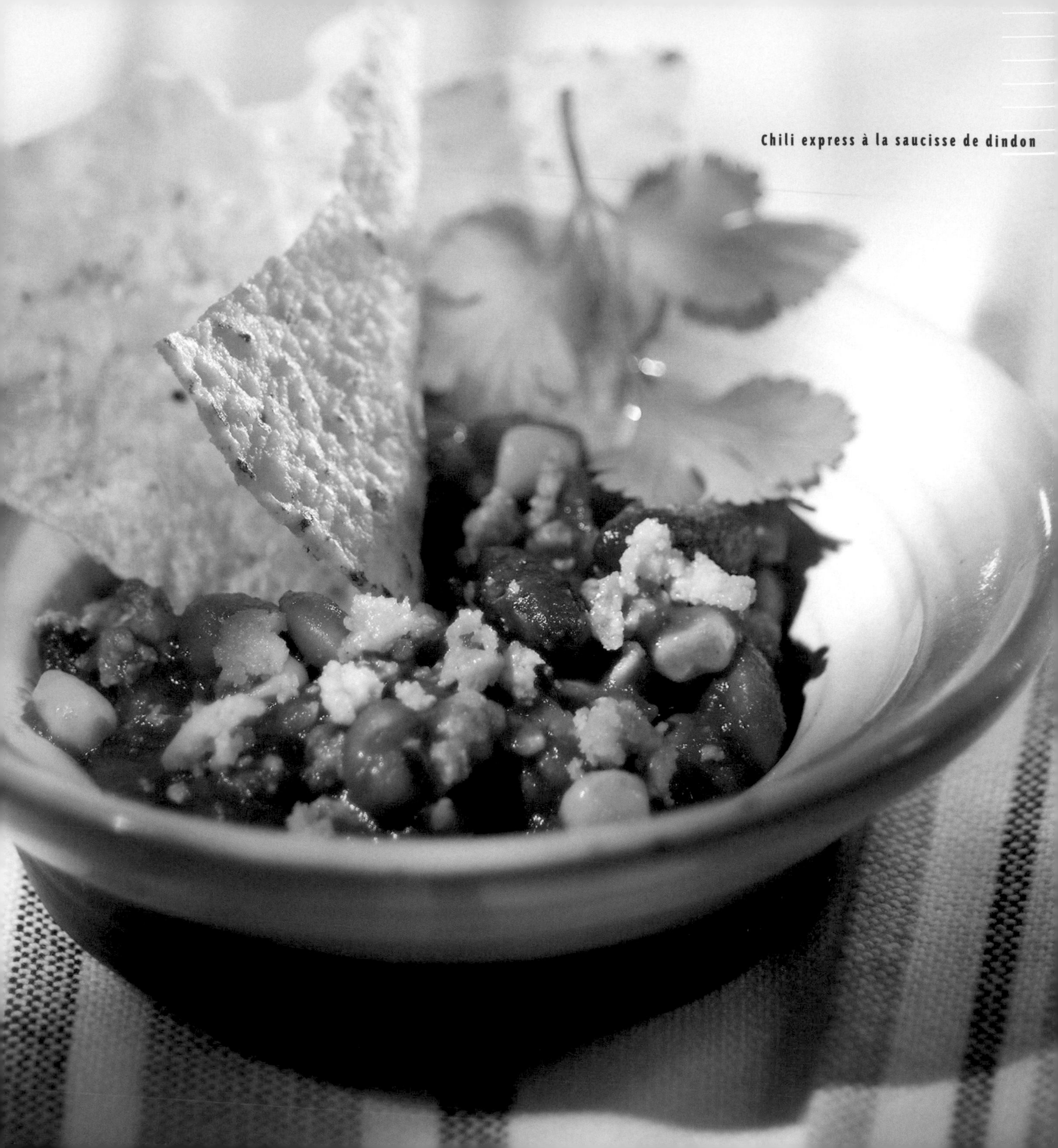

Chili express à la saucisse de dindon

Tourtière au dindon

INGRÉDIENTS

- 720 g (1 ½ lb) de dindon haché
- 2 oignons moyens, hachés
- 2 gousses d'ail, émincées
- 1 c. à café (1 c. thé) de thym frais, haché ou la moitié de thym séché
- Sel au goût
- 1 pincée de piment de la Jamaïque
- 1 pincée de clou de girofle moulu
- 1 feuille de laurier
- 120 g (½ tasse) de farce de volaille du commerce
- 2 abaisses de tarte de 23 cm (9 po) chacune
- 1 jaune d'œuf, légèrement battu
- 1 c. à soupe de lait

- Dans une casserole à fond épais, mettre le dindon, les oignons, l'ail, le thym, le sel, le piment de la Jamaïque, le clou de girofle et la feuille de laurier.

- Couvrir et cuire à feu doux pendant 30 min en remuant de temps en temps.

- Quand la viande est cuite, ajouter la farce de volaille pour absorber le liquide du mélange. Laisser refroidir.

- Mettre la préparation dans l'abaisse. Couvrir avec la deuxième abaisse et badigeonner du mélange d'œuf et de lait.

- Préchauffer le four à 180 °C (350 °F).

- Mettre la tourtière sur une plaque à pâtisserie. Cuire au four sur la grille du bas. Selon la taille de la tourtière, la cuisson peut varier de 35 à 45 min.

Pépites de dindon

- 60 g (½ tasse) de fines miettes de pain
- 60 g (¼ tasse) de parmesan, râpé
- 35 g (¼ tasse) de cheddar, râpé finement
- 2 c. à café (2 c. à thé) de thym frais, haché ou la moitié de thym séché
- 2 c. à café (2 c. à thé) de basilic frais, haché ou la moitié de basilic séché
- ½ c. à café (½ c. à thé) de sel
- ¼ c. à café (¼ c. à thé) de poivre
- 480 g (1 lb) de poitrine de dindon frais, sans peau et coupée en cubes de 2,5 cm (1 po)
- 60 g (¼ tasse) de beurre, fondu

- Dans un bol, mélanger les miettes de pain, le parmesan, le cheddar, le thym, le basilic, le sel et le poivre.

- Tremper les cubes de dindon dans le beurre et les rouler dans la mie de pain pour les enrober complètement.

- Préchauffer le four à 200 °C (400 °F).

- Recouvrir une plaque allant au four de papier aluminium, mettre les cubes de dindon et cuire 10 à 15 min ou jusqu'à ce qu'ils aient perdu leur teinte rosée au centre. Servir chaud ou froid.

Paella de dindon

4 portions · Cuisson : 1 h

- Préchauffer le four à 180 °C (350 °F).

- Dans une grande poêle antiadhésive, chauffer l'huile à feu moyen-vif. Faire revenir l'ail, les oignons et les poivrons de 2 à 3 min.

- Ajouter les saucisses et poursuivre la cuisson 3 min. Ajouter le riz, le bouillon, les tomates, l'eau, les assaisonnements et bien mélanger. Porter à ébullition et verser dans un plat beurré de 3,5 litres (14 tasses) allant au four. Couvrir et cuire au four 35 à 45 min, ou jusqu'à ce que le riz ait absorbé tout le liquide.

- Ajouter les crevettes sur le dessus du riz, couvrir et poursuivre la cuisson au four 10 min. Retirer les feuilles de laurier avant de servir.

- On peut aussi ajouter à la paella des palourdes ou des moules cuites à la vapeur avant de servir.

- 1 c. à soupe d'huile d'olive
- 2 gousses d'ail, émincées
- 1 oignon moyen, émincé
- 1/2 poivron rouge, en dés
- 1/2 poivron vert, en dés
- 360 g (3/4 lb) de saucisses de dindon, en tranches de 1,25 cm (1/2 po) d'épaisseur
- 235 g (1 1/4 tasse) de riz blanc, non cuit
- 284 ml (10 oz) de bouillon de dindon ou de poulet en conserve
- 300 g (2 tasses) de tomates, en dés
- 250 ml (1 tasse) d'eau
- 2 1/2 c. à café (2 1/2 c. à thé) d'origan frais, haché ou la moitié d'origan séché
- 1 c. à café (1 c. à thé) de tabasco
- 1 c. à café (1 c. à thé) de thym frais, haché ou la moitié de thym séché
- 1/2 c. à café (1/2 c. à thé) de sel
- 1/2 c. à café (1/2 c. à thé) de piment de Cayenne
- 2 feuilles de laurier
- 240 g (8 oz) de crevettes moyennes, cuites

Sauté de dindon aux noix de cajou

4 portions · Macération : 30 min · Cuisson : 12 min

- 3 c. à soupe d'huile d'arachide
- 1 c. à soupe de sauce soja
- 1 c. à café (1 c. à thé) de fécule de maïs
- ¼ c. à café (¼ c. à thé) de piment en flocons
- 1 blanc d'œuf
- 480 g (1 lb) d'escalopes de poitrine de dindon, en lanières de 6 mm (¼ po)
- 120 g (4 oz) de pois mange-tout
- 120 g (4 oz) de poivrons rouges, parés et coupés en lanières de 6 mm (¼ po)
- 50 g (½ tasse) de noix de cajou
- 1 c. à soupe de gingembre frais, pelé et émincé
- 1 gousse d'ail, émincée
- 426 ml (15 oz) d'épis de maïs miniatures en conserve, rincés et égouttés
- 426 ml (15 oz) de champignons enokitake en conserve, rincés et égouttés

• Dans un grand bol, battre 1 c. à café (1 c. à thé) d'huile, la sauce soja, la fécule de maïs, le piment en flocons et le blanc d'œuf. Ajouter les lanières de dindon, bien les enrober et les laisser macérer au moins 30 min.

• Dans une grande poêle ou un wok, chauffer 1 c. à soupe d'huile à feu moyen-vif. Faire sauter les pois mange-tout et les poivrons 2 min. Réserver les légumes dans un bol.

• Chauffer la dernière cuillerée à soupe d'huile dans la poêle. Ajouter les noix de cajou et faire sauter 1 min. Ajouter les noix au contenu du bol.

• Dans la même poêle, faire sauter le dindon, la marinade, le gingembre et l'ail 3 min. Ajouter les maïs miniatures, les champignons, les légumes réservés et les noix. Faire sauter encore 2 min ou jusqu'à ce que les ingrédients soient bien chauds.

Dindon à la mode thaï

4 portions · Réfrigération : 4 à 12 h · Cuisson : 20 min

- 1 c. à soupe de pâte de cari rouge thaï douce ou de pâte de cari indienne
- 2 c. à soupe d'huile d'olive
- 1 c. à soupe de gingembre frais, râpé
- 3 gousses d'ail, émincées
- ½ c. à café (½ c. à thé) de zeste de citron ou de lime, râpé
- 1 pincée de sel
- 480 g (1 lb) de poitrine de dindon, désossée et coupée en cubes
- 400 ml (14 oz) de lait de coco en conserve
- 7 g (¼ tasse) de basilic, en petits filaments (facultatif)

• Dans un sac de plastique à fermeture hermétique, mélanger la pâte de cari, 1 c. à soupe d'huile, le gingembre, l'ail, le zeste de citron et le sel. Ajouter le dindon. Fermer le sac et retourner pour bien enrober la viande. Réfrigérer de 4 à 12 h.

• Dans une grande poêle, chauffer le reste de l'huile à feu moyen-vif et faire dorer le dindon sur toutes les faces. Réserver dans une assiette.

• Verser le lait de coco dans la poêle et porter à ébullition en raclant à l'aide d'une spatule. Laisser bouillir 5 min ou jusqu'à ce que la sauce épaississe légèrement.

• Remettre le dindon dans la poêle et le retourner pour bien l'enrober. Réduire à feu moyen-doux et laisser mijoter environ 10 min ou jusqu'à ce que le dindon soit glacé et perde sa teinte rosée à l'intérieur. Ajouter le basilic et accompagner de riz thaï au jasmin et de légumes sautés (asperges, brocoli ou haricots verts).

Pâtés impériaux au dindon

4 portions (2 rouleaux par portion) · Cuisson : 16 min

- 1 c. à café (1 c. à thé) d'huile d'olive
- 120 g (¼ lb) de dindon haché, cru
- 40 g (⅓ tasse) de poivrons rouges, en dés
- 60 g (⅓ tasse) de châtaignes d'eau, en dés
- 30 g (⅓ tasse) de carottes, râpées finement
- 30 g (⅓ tasse) d'oignons verts, émincés
- 1 c. à soupe de coriandre fraîche, hachée finement
- 1 c. à soupe de sauce hoisin
- 1 c. à café (1 c. à thé) d'huile de sésame
- ½ c. à café (½ c. à thé) de pâte de piment à l'ail
- 1 c. à soupe de farine
- 2 c. à soupe d'eau
- 8 carrés de pâte à pâtés impériaux (egg rolls) de 13 cm (5 ¼ po)

• Dans une grande poêle, chauffer l'huile à feu moyen. Ajouter le dindon et cuire en remuant souvent à l'aide d'une cuillère jusqu'à ce que le dindon perde sa couleur rosée. Retirer du feu, ajouter les poivrons, les châtaignes d'eau, les carottes, les oignons verts, la coriandre, la sauce hoisin, l'huile de sésame, la pâte de piment à l'ail, et bien remuer. Laisser tiédir.

• Dans un petit bol, mélanger la farine et l'eau. Mettre 2 c. à soupe du mélange de dindon au centre d'un carré de pâte disposé sur le plan de travail pour former un losange. Badigeonner la pointe supérieure du losange du mélange de farine et d'eau. Enrouler fermement en commençant par la pointe du bas. Replier les côtés vers l'intérieur et continuer d'enrouler jusqu'à la pointe supérieure. Bien presser pour sceller. Répéter avec les autres carrés de pâte. Les rouleaux peuvent être emballés dans une pellicule plastique et réfrigérés jusqu'à 4 h.

• Dans une casserole, chauffer un peu d'huile à feu moyen. Ajouter les rouleaux et cuire sur tous les côtés 1 min ou jusqu'à ce qu'ils soient bien dorés. Égoutter sur du papier absorbant. Accompagner d'un bol de sauce soja ou de sauce hoisin.

Tendre satay de dindon

4 portions · Macération : 24 à 48 h · Cuisson : 5 min PRÉPARATION : 10 MIN

- Mélanger les ingrédients qui composent la marinade, ajouter le dindon et laisser macérer au réfrigérateur de 24 à 48 h.

- Enfiler les lanières de dindon sur des brochettes et cuire au four conventionnel à *broil* à 220 °C (425 °F), 3 min d'un côté puis 2 min de l'autre.

- Servir avec une sauce de votre choix.

- On peut substituer la citronnelle par 1 c. à café (1 c. à thé) de zeste de citron.

- Il est préférable d'utiliser les coupes telles que le filet, la poitrine désossée, le steak, les cubes et les lanières ; le temps de cuisson pourra cependant varier selon la coupe choisie.

- La viande sera toujours plus tendre si on la coupe dans le sens contraire des fibres.

- Pour une cuisson sur un multigril électrique, cuire environ 3 à 4 min de chaque côté.

INGRÉDIENTS

- 480 g (1 lb) de filets de dindon, en lanières

MARINADE
- 1 ½ c. à café (1 ½ c. à thé) de gingembre frais, pelé et haché
- 3 gousses d'ail, hachées
- 1 tige de citronnelle, hachée
- 1 c. à soupe de pâte de cari
- 1 c. à café (1 c. à thé) de cumin moulu
- 1 c. à café (1 c. à thé) de curcuma
- 60 ml (¼ tasse) de crème de coco
- 2 c. à soupe de sauce nuoc-mâm
- 1 c. à soupe de sucre

Ailes de dindon à la mode des Caraïbes

6 portions · Macération : 1 à 8 h · Cuisson : 1 h PRÉPARATION : 15 MIN

- Mettre tous les ingrédients, sauf les ailes de dindon, dans un mélangeur ou un robot de cuisine. Bien mélanger.

- Couper le bout des ailes et réserver pour un autre usage. Couper le reste des ailes en 2, au niveau de l'articulation. Recouvrir de la marinade, et laisser macérer au réfrigérateur de 1 à 8 h dans un contenant hermétique.

- Préchauffer le four à 190 °C (375 °F).

- Mettre les ailes dans un plat allant au four et cuire 1 h ou jusqu'à ce que le dindon perde sa teinte rosée à l'intérieur ; arroser de temps à autre et retourner une fois en cours de cuisson.

- 60 ml (¼ tasse) de jus d'ananas
- 50 g (¼ tasse) de cassonade ou de sucre roux bien tassé
- 4 oignons verts, hachés
- 4 gousses d'ail, hachées
- 1 c. à soupe d'huile d'olive
- 1 c. à soupe de vinaigre blanc, distillé
- 1 c. à café (1 c. à thé) de piment de la Jamaïque moulu
- ½ c. à café (½ c. à thé) de piment de Cayenne
- ¼ c. à café (¼ c. à thé) de sel
- ¼ c. à café (¼ c. à thé) de poivre noir fraîchement moulu
- 2,2 kg (4 ½ lb) d'ailes de dindon

Tendre satay de dindon

Rôti de dindon à l'orange

6 à 8 portions · Macération : 2 h · Cuisson : 1 h 15

• Dans un grand bol, mélanger tous les ingrédients qui composent la marinade. Mettre le rôti dans la marinade et laisser macérer de 2 à 12 h au réfrigérateur, en retournant le rôti de 1 à 2 fois. Égoutter et jeter la marinade.

• Préchauffer le four à 160 °C (325 °F).

• Dans une rôtissoire, saisir le rôti dans l'huile à feu élevé. Ajouter les carottes, les oignons, l'ail et le céleri.

• Couvrir et cuire au four environ 1 h 15, jusqu'à ce que le thermomètre à viande indique une température interne de 77 °C (170 °F). Réserver au chaud. Servir avec une sauce de votre choix.

INGRÉDIENTS

• 1 kg (2 ¼ lb) de rôti de poitrine de dindon
• 1 c. à soupe d'huile d'olive
• 1 carotte, hachée
• 1 oignon, haché
• 2 gousses d'ail, émincées
• 1 branche de céleri, en morceaux

MARINADE
• 250 ml (1 tasse) de jus d'orange
• 125 ml (½ tasse) d'huile de canola (colza)
• 1 c. à soupe de miel ou de sirop d'érable
• 1 c. à soupe de moutarde de Dijon
• 1 c. à café (1 c. à thé) de basilic séché
• 1 c. à café (1 c. à thé) d'estragon séché
• 2 c. à café (2 c. à thé) de zeste d'orange

Casserole de dindon et de riz sauvage

6 portions · Cuisson : 50 min

• Bien rincer le riz et le faire cuire de 10 à 15 min dans 750 ml (3 tasses) d'eau. Retirer du feu, couvrir et laisser reposer de 2 à 3 h. Égoutter et rincer de nouveau.

• Préchauffer le four à 180 °C (350 °F).

• Dans une poêle antiadhésive, faire revenir le dindon. Ajouter l'assaisonnement à volaille, les graines de fenouil, le céleri, les oignons, les poivrons et les champignons. Faire revenir de 2 à 3 min. Mélanger au riz sauvage et verser dans un plat beurré allant au four.

• Dans un bol, mélanger la crème de champignons et le lait, et verser sur le mélange de riz. Cuire au four 30 min.

• 190 g (1 tasse) de riz sauvage, non cuit
• 480 g (1 lb) de dindon haché cru
• 1 c. à café (1 c. à thé) d'assaisonnement à volaille
• 1 c. à café (1 c. à thé) de graines de fenouil
• 90 g (1 tasse) de céleri, haché
• 1 gros oignon, haché
• 1 poivron vert, haché
• 284 ml (10 oz) de champignons en conserve, égouttés
• 284 ml (10 oz) de crème de champignons en conserve
• 250 ml (1 tasse) de lait

Chaussons de dindon au porto

6 portions · Cuisson : 25 min

- Battre le jaune d'œuf avec l'eau.

- Dans un grand poêlon, chauffer l'huile et faire sauter les oignons et les champignons. Les mettre dans un bol et les mélanger avec le dindon, le thym, le sel, le poivre, beurre et le persil.

- Préchauffer le four à 180 °C (350 °F).

- Abaisser la pâte. Découper en 12 cercles de 8 cm (3 po) de diamètre. Sur chaque cercle de pâte, mettre environ 2 c. à soupe de garniture sur un côté et humecter les bords de la pâte avec l'œuf. Plier en forme de chausson et badigeonner avec l'œuf battu.

- Cuire au four environ 20 min. Pendant ce temps, porter le porto à ébullition. Ajouter le bouillon et le poivre. Laisser mijoter 5 min. Ajouter la fécule délayée dans l'eau froide et bien mélanger.

- Disposer 2 chaussons dans chaque assiette, napper de sauce et garnir d'herbes fraîches.

NOTE : On peut remplacer les poitrines de dindon par 360 g (2 tasses) de dindon cuit, en dés.

INGRÉDIENTS

- 1 jaune d'œuf, battu
- 1 c. à soupe d'eau
- 1 c. à soupe d'huile de canola (colza)
- 2 oignons, hachés finement
- 90 g (1 1/2 tasse) de champignons, hachés finement
- 570 g (1 1/4 lb) de poitrines de dindon désossées et coupées en cubes
- 1/2 c. à café (1/2 c. à thé) de thym frais
- Sel et poivre
- 80 g (1/3 tasse) de beurre, ramolli
- 10 g (1/3 tasse) de persil frais, haché
- 1 boîte de pâte feuilletée congelée
- 125 ml (1/2 tasse) de porto
- 500 ml (2 tasses) de bouillon de poulet
- 1/2 c. à café (1/2 c. à thé) de poivre concassé
- 1 c. à soupe de fécule de maïs
- 1 c. à soupe d'eau froide

Dindon mariné au cidre, compote de pruneaux et de poires au vinaigre balsamique

12 portions de 120 g (4 oz) · Macération : 48 h · Cuisson : 2 h 45

PRÉPARATION : 25 MIN

INGRÉDIENTS

- 1 dindon frais de 4 kg (8 à 9 lb)
- 3 bouteilles de 750 ml (3 tasses) ou 2,25 litres (9 tasses) de cidre de pomme

COMPOTE DE PRUNEAUX ET DE POIRES AU VINAIGRE BALSAMIQUE

- 125 ml (½ tasse) d'huile d'olive
- 1 gros oignon rouge, en dés
- 480 g (2 tasses) de pruneaux ou de figues séchés hachés
- 1 pomme Granny Smith, évidée et hachée
- 1 poire mûre, évidée et hachée
- Le zeste et le jus de 2 oranges
- 125 ml (½ tasse) de vinaigre balsamique
- 2 c. à café (2 c. à thé) de sel
- 1 c. à café (1 c. à thé) de poivre

SAUCE

- 1 litre (4 tasses) de bouillon de poulet ou de légumes
- 3 c. à soupe de vinaigre balsamique
- Sel et poivre
- 1 c. à soupe de fécule de maïs

DEUX JOURS À L'AVANCE

- Mettre le dindon dans un plat à rôtir et le recouvrir de cidre. Couvrir et réserver 2 jours au réfrigérateur. Retourner le dindon de temps à autre, de sorte que toutes les parties marinent dans le cidre.

LE JOUR MÊME

- Dans une casserole moyenne, chauffer l'huile à feu moyen et cuire les oignons de 8 à 10 min ou jusqu'à ce qu'ils commencent à se colorer. Ajouter le reste des ingrédients et laisser mijoter à couvert environ 20 min ou jusqu'à ce qu'il ne reste presque plus de liquide. Laisser refroidir complètement avant d'utiliser. Retirer le dindon du plat à rôtir et jeter le cidre.

- Préchauffer le four à 180 °C (350 °F). Glisser la compote de pruneaux et de poires entre la peau et la chair du dindon en prenant bien soin de recouvrir la chair du dessus des cuisses et celle de la poitrine. Saler et poivrer la cavité et l'extérieur du dindon. Mettre le dindon sur une grille dans le plat à rôtir. Couvrir et faire cuire au four de 2 à 2 ½ h, en l'arrosant avec le jus de cuisson régulièrement.

- Retirer le couvercle du plat à rôtir pendant les 30 dernières minutes de cuisson. Le dindon est cuit quand un thermomètre à viande inséré dans la partie interne et charnue de l'une des cuisses, sans toucher l'os, indique 77 °C (170 °F). Retirer le dindon du four et le laisser reposer, à couvert, pendant la préparation de la sauce. Avant de trancher le dindon, récupérer la compote de pruneaux et de poires au vinaigre balsamique qui sera servie en garniture.

SAUCE

- Dans une casserole, verser les jus de cuisson du dindon, le bouillon et le vinaigre. Laisser mijoter environ 15 min, jusqu'à ce que le liquide soit réduit à 500 ml (2 tasses). Saler et poivrer.

- Pour épaissir la sauce, délayer 1 c. à soupe de fécule de maïs dans 125 ml (½ tasse) de bouillon, à température ambiante, et l'incorporer en mélangeant doucement à l'aide d'un fouet.

- Laisser mijoter environ 5 min ou jusqu'à consistance voulue.

Cuisses de dindon farcies

4 portions · Cuisson : 1 h 10

- 480 g (1 lb) de cuisse de dindon, désossée, sans peau
- 130 g (1 tasse) de riz, cuit
- 45 g ($^1\!/_2$ tasse) d'oignons, hachés
- 45 g ($^1\!/_2$ tasse) de carottes, râpées
- 1 petite pomme, hachée
- 1 c. à soupe de persil frais, haché
- $^1\!/_2$ c. à café ($^1\!/_2$ c. à thé) d'assaisonnement à volaille
- $^1\!/_4$ c. à café ($^1\!/_4$ c. à thé) de sel
- $^1\!/_4$ c. à café ($^1\!/_4$ c. à thé) de poivre
- 90 g ($^1\!/_4$ tasse) de marmelade d'orange ou d'une autre gelée de fruits

- Préchauffer le four à 160 °C (325 °F).

- Couper le dindon en 4 portions égales. Disposer les morceaux sur une surface plane et les couvrir d'une pellicule plastique. Aplatir à l'aide d'un maillet à viande pour obtenir une épaisseur uniforme de 1 cm ($^3\!/_8$ po). Réserver.

- Dans un grand bol, mélanger le riz avec le reste des ingrédients, à l'exception de la marmelade.

- Disposer le quart du mélange de riz sur chacune des portions de dindon. Former un rouleau en commençant par l'extrémité la plus étroite. Retenir à l'aide de petits bâtonnets de bois et mettre dans un plat beurré allant au four. Badigeonner de marmelade. Répéter avec les 3 autres portions.

- Cuire au four de 60 à 70 min, ou jusqu'à ce que le dindon soit tendre.

VARIANTE

- On peut farcir une grosse cuisse de dindon entière, la cuire et la découper en tranches avant de servir (doubler le temps de cuisson). On peut aussi utiliser 4 escalopes de dindon et les aplatir pour les amincir.

Dindon au vin

6 portions · Cuisson : 1 h

- 2 c. à soupe d'huile d'olive
- 720 g (1 ½ lb) de poitrine de dindon, désossée et coupée en petits cubes
- 2 oignons moyens, coupés en 6
- 4 grosses carottes, en tronçons
- 1 branche de céleri, en tronçons
- 240 g (8 oz) de champignons, coupés en 2
- 2 grosses gousses d'ail, émincées
- 45 g (¼ tasse) de farine
- 375 ml (1 ½ tasse) de vin rouge
- 375 ml (1 ½ tasse) de bouillon de dindon ou de poulet
- 1 ½ c. à café (1 ½ c. à thé) de feuilles de thym séchées
- 2 feuilles de laurier
- Sel et poivre
- Persil haché

PRÉPARATION : 20 MIN

- Dans un faitout, chauffer 1 c. à soupe d'huile à feu moyen-vif. Ajouter le dindon et cuire en remuant souvent jusqu'à ce qu'il soit doré et qu'il perde sa teinte rosée à l'intérieur. Réserver dans une assiette.

- Verser le reste de l'huile dans le faitout. Ajouter les oignons, les carottes et le céleri. Cuire environ 5 min en remuant fréquemment. Ajouter les champignons, l'ail et poursuivre la cuisson 3 min. Ajouter la farine et cuire 1 min. Ajouter le dindon, le vin, le bouillon, le thym et le laurier. Saler et poivrer.

- Porter à ébullition, réduire à feu doux, couvrir et laisser mijoter 45 min en remuant de temps à autre.

- Garnir de persil et accompagner de pommes de terre vapeur.

NOTE : On peut remplacer la poitrine de dindon par 2 kg (4 lb) de hauts de cuisse désossés, en morceaux.

Trempette au dindon et aux cœurs d'artichauts

6 portions · Cuisson : 12 min

- 180 g (1 tasse) de dindon cuit, haché
- 384 ml (14 oz) de cœurs d'artichauts en conserve, égouttés et coupés en petits morceaux
- 250 ml (1 tasse) de mayonnaise légère
- 60 g (½ tasse) de parmesan, râpé
- ½ c. à café (½ c. à thé) de jus de citron
- ¼ c. à café (¼ c. à thé) de poudre d'ail
- ⅛ c. à café (⅛ c. à thé) de poivre fraîchement moulu
- 60 g (½ tasse) de mozzarella, râpée

PRÉPARATION : 10 MIN

- Mettre le dindon et les cœurs d'artichauts dans un grand bol. Ajouter le reste des ingrédients, sauf la mozzarella. Bien remuer puis étendre le mélange dans un plat peu profond de 23 cm (9 po) allant au four. Saupoudrer uniformément de mozzarella.

- Préchauffer le four à 190 °C (375 °F) et cuire de 10 à 12 min, jusqu'à ce que la préparation soit bien chaude et le fromage doré. Ou encore, faire cuire au four à micro-ondes à puissance maximale de 3 à 4 min, jusqu'à ce que la préparation soit bien chaude et le fromage fondu. Accompagner de craquelins ou de pointes de pita.

Dindon rôti à l'ail doux et aux herbes fraîches

6 portions · Cuisson : 3 h

INGRÉDIENTS

- 1 dindon entier de 4 kg (9 lb)
- 290 g (1 tasse) de gros sel
- 3 litres (12 tasses) d'eau
- Sel et poivre au goût
- 10 gousses d'ail, pelées

SAUCE

- 3 c. à soupe de beurre
- 90 g (½ tasse) d'échalotes, hachées
- 125 ml (½ tasse) de vin blanc
- 500 ml (2 tasses) de bouillon de poulet maison ou du commerce
- 250 ml (1 tasse) de crème 15 %
- 6 brins de thym frais, hachés finement
- ½ botte (chacun) de basilic frais et de ciboulette fraîche, hachés finement

- Mettre le dindon dans un grand récipient. Dissoudre le gros sel dans l'eau puis verser sur le dindon afin de le couvrir complètement. Laisser saumurer 24 h au réfrigérateur.

- Retirer le dindon de la saumure et bien l'assécher.

- Préchauffer le four à 160 °C (325 °F).

- Assaisonner le dindon et le cuire au four environ 3 h ou jusqu'à ce qu'un thermomètre à viande enfoncé dans la poitrine indique une température interne de 77 °C (170 °F).

- Trente minutes avant la fin de la cuisson, ajouter les gousses d'ail. Au terme de la cuisson, retirer l'ail et le conserver pour la sauce puis réserver le dindon au chaud.

SAUCE

- Dans un poêlon, chauffer le beurre à feu moyen-vif, faire suer les échalotes pendant 3 min puis déglacer avec le vin en laissant réduire de moitié.

- Ajouter l'ail cuit, le bouillon, la crème et porter à ébullition. Ajouter les herbes fraîches et laisser de nouveau réduire à feu moyen-vif environ 5 min. Selon la puissance de chaque cuisinière, la consistance de la sauce peut varier.

- Couper des tranches de dindon, les napper de sauce et servir.

Dinde farcie à la saucisse

- 480 g (1 lb) de chair à saucisse
- 2 gros oignons, hachés finement
- 110 g (1 tasse) de céleri, en dés
- 2 c. à soupe de persil frais, haché
- Sel, poivre, romarin et sarriette
- 90 g (3 tasses) de cubes de pain sec sans les croûtes
- 1,5 litre (6 tasses) de bouillon de poulet
- 3 pommes, pelées et hachées finement
- 90 g (½ tasse) de raisins Sultana, trempés dans l'eau bouillante
- 1 dindon entier de 4 kg (9 lb)
- Moutarde de Dijon
- Sel, poivre, thym frais ou séché
- 240 g (1 tasse) de beurre, fondu

• Dans un poêlon, cuire la chair à saucisse en la défaisant à l'aide fourchette.

• Ajouter les oignons, le céleri, le persil et cuire 10 min.

• Ajouter le sel, le poivre et les herbes au choix.

• Mettre le tout dans un grand bol, ajouter le pain et verser graduellement le bouillon. Bien mélanger la farce, ajouter les fruits et mélanger de nouveau.

• Farcir le dindon, bien attacher les pattes et les ailes, et le mettre dans une lèchefrite, poitrine sur le dessus. Mettre le reste de la farce dans un plat couvert et cuire au four pendant les 2 dernières heures de cuisson.

• Badigeonner le dindon de moutarde, saler, poivrer et saupoudrer de thym.

• Plier un morceau d'étamine afin d'obtenir 4 épaisseurs, l'imbiber de beurre fondu et le mettre sur le dindon.

• Préchauffer le four à 230 °C (450 °F), enfourner le dindon et réduire immédiatement la chaleur à 160 °C (325 °F). Cuire pendant environ 3 h ou jusqu'à ce qu'un thermomètre à viande enfoncé dans la poitrine indique une température de 77 °C (170 °F).

• Pendant les 30 dernières minutes avant la fin de la cuisson, retirer délicatement l'étamine puis arroser régulièrement.

Pâtes au dindon à la primavera

4 portions · Cuisson : 35 min

- 480 g (1 lb) d'escalopes de poitrine de dindon, en lanières de 5 x 2 cm (2 x ³/₄ po)
- ¹/₄ c. à café (¹/₄ c. à thé) de sel
- ¹/₄ c. à café (¹/₄ c. à thé) de poivre
- 4 c. à soupe d'huile d'olive
- 120 g (1 tasse) d'oignons, en tranches fines
- 120 g (1 tasse) de poivrons, en fines lanières
- 1 c. à café (1 c. à thé) d'ail, émincé
- 120 g (1 tasse) de courge musquée, en morceaux de 1,25 cm (¹/₂ po)
- 120 g (1 tasse) de courgettes, en morceaux de 1,25 cm (¹/₂ po)
- 120 g (4 oz) de champignons, nettoyés et coupés en quartiers
- 739 ml (26 oz) de sauce à spaghetti (tomate) du commerce
- 1 feuille de laurier, entière
- 1 c. à café (1 c. à thé) d'assaisonnement à l'italienne
- 150 g (2 tasses) de zitis ou d'autres pâtes tubulaires, cuites en suivant les indications sur l'emballage
- 60 g (¹/₂ tasse) de parmesan, fraîchement râpé

- Saler et poivrer uniformément les lanières de dindon et réserver.

- Dans une grande poêle antiadhésive, chauffer 2 c. à soupe d'huile et faire revenir le dindon à feu moyen-vif. Réduire le feu, couvrir et cuire 2 à 3 min ou jusqu'à ce que le dindon perde sa couleur rosée. Retirer la viande de la poêle et réserver à couvert.

- Dans le reste de l'huile, faire revenir les oignons, les poivrons et l'ail 3 à 4 min ou jusqu'à ce que les légumes soient tendres. Ajouter la courge, les courgettes et les champignons. Cuire 1 à 3 min pour bien réchauffer les légumes.

- Ajouter la sauce à spaghetti, la feuille de laurier, l'assaisonnement à l'italienne et bien mélanger. Porter à ébullition. Réduire la chaleur, couvrir et laisser mijoter 20 à 25 min ou jusqu'à ce que la sauce soit bien chaude. Retirer la feuille de laurier et la jeter.

- Ajouter le dindon cuit et réchauffer jusqu'à ce que la sauce bouillonne.

- Verser la sauce sur les pâtes cuites et saupoudrer de parmesan.

Casserole de dindon

4 portions · Cuisson : 25 min

• Dans une casserole d'eau bouillante salée, cuire les pommes de terre à couvert environ 15 min jusqu'à ce qu'elles soient tendres. Égoutter et réduire en purée avec 125 ml (½ tasse) de lait, 1 c. à soupe de beurre et la moitié du sel et du poivre. Réserver.

• Faire fondre le reste du beurre dans une casserole, à feu moyen. Ajouter les oignons, l'ail et cuire 5 min ou jusqu'à ce qu'ils soient tendres. Ajouter la farine et cuire 1 min en remuant.

• À l'aide d'un fouet, mélanger petit à petit le reste du lait, le sel et le poivre, la crème de poulet et la marjolaine. Cuire 10 min en remuant souvent, jusqu'à ce que la sauce épaississe.

• Ajouter le dindon, les légumes et poursuivre la cuisson 5 min ou jusqu'à ce que les légumes soient tendres.

• Verser la préparation dans un plat de 2 litres (8 tasses) allant au four. Recouvrir de purée de pomme de terre. Cuire sous le gril 2 min ou jusqu'à ce que le dessus soit doré.

INGRÉDIENTS

- 960 g (2 lb) de pommes de terre, pelées et coupées en gros morceaux
- 625 ml (2 ½ tasses) de lait
- 2 c. à soupe de beurre
- 1 c. à café (1 c. à thé) de sel
- 1 pincée de poivre
- 2 oignons, hachés
- 3 gousses d'ail, émincées
- 45 g (¼ tasse) de farine
- 60 ml (¼ tasse) de crème de poulet condensée
- ½ c. à café (½ c. à thé) de marjolaine séchée ou d'origan séché
- 360 g (2 tasses) de dindon cuit, en cubes
- 55 g (½ tasse) de carottes, cuites ou surgelées, en cubes
- 90 g (½ tasse) de haricots verts, cuits ou surgelés
- 70 g (½ tasse) de pois verts, surgelés

- 60 g (¼ tasse) de beurre
- 1 petit oignon, haché finement
- 4 gousses d'ail, hachées
- 45 g (¼ tasse) de farine
- 1 litre (4 tasses) de lait chaud
- 1 c. à café (1 c. à thé) de cari
- ½ c. à café (½ c. à thé) de marjolaine
- 1 pincée de muscade
- 50 g (½ tasse) de carottes, en petits cubes et blanchies
- 50 g (½ tasse) de haricots verts, en petits cubes et blanchies
- 125 g (½ tasse) de pommes de terre, coupées en petits cubes et cuites
- 70 g (½ tasse) de petits pois surgelés et cuits
- 450 g (2 ½ tasses) de dindon cuit, en cubes
- Sel et poivre
- 250 ml (1 tasse) de gruyère ou de mozzarella, râpé

• Dans une casserole, faire fondre le beurre et cuire les oignons, à feu doux, environ 5 min. Ajouter l'ail et cuire 1 min. Ajouter la farine en fouettant et cuire environ 1 min. Ajouter le lait, le cari, la marjolaine et la muscade en fouettant. Cuire jusqu'à ce que la préparation épaississe.

• Ajouter les légumes et le dindon. Laisser mijoter quelques minutes. Verser dans un plat allant au four de 28 x 18 cm (11 x 7 po). Saler et poivrer. Couvrir de fromage et faire gratiner sous le gril.

- 16 tranches de pain blanc ou brun, sans la croûte
- 16 tranches de poitrine de dindon, charcuteries de dindon ou restes de dindon pour couvrir entièrement le pain
- 140 g (1 tasse) de cheddar, râpé
- 6 œufs
- 1 c. à café (1 c. à thé) de sel
- ¼ c. à café (¼ c. à thé) de poivre
- 25 g (¼ tasse) d'oignons, émincés (facultatif)
- ¼ c. à café (¼ c. à thé) de piment de Cayenne ou d'épices cajun
- 750 ml (3 tasses) de lait entier
- 60 g (¼ tasse) de beurre
- Flocons de maïs, écrasés

• Dans un plat beurré allant au four de 23 cm x 33 cm (9 po x 13 po), mettre 8 tranches de pain. Ajouter des morceaux de pain au besoin pour couvrir entièrement le plat. Recouvrir le pain de dindon. Saupoudrer de cheddar et refermer avec les autres tranches de pain. Dans un bol, battre les œufs, le sel et le poivre. Ajouter les oignons, le piment de Cayenne et le lait. Verser le mélange d'œufs dans le plat. Couvrir et réfrigérer jusqu'au lendemain.

• Le lendemain matin, préchauffer le four à 180 °C (350 °F).

• Faire fondre le beurre dans une casserole et le verser dans le plat sur les tranches de pain. Recouvrir de flocons de maïs et cuire environ 45 min à découvert. Laisser reposer 10 min avant de servir.

Gratin de céleri au dindon

4 portions · Cuisson : 30 min

- • 1 petit pied de céleri, en dés de 2 cm (³/₄ po)
- • 2 c. à soupe de beurre
- • 45 g (¹/₄ tasse) d'oignons, hachés finement
- • 2 c. à soupe de farine
- • ¹/₂ c. à café (¹/₂ c. à thé) de moutarde sèche
- • 160 ml (²/₃ tasse) de lait
- • 315 g (1 ³/₄ tasse) de dindon cuit, en cubes de 2 cm (³/₄ po)
- • 75 g (³/₄ tasse) de cheddar fort, râpé
- • Sel et poivre
- • 3 c. à soupe de chapelure
- • ¹/₂ c. à café (¹/₂ c. à thé) de graines de céleri

• Mettre le céleri dans une casserole, recouvrir d'eau salée et porter à ébullition. Couvrir et laisser mijoter 20 min. Égoutter et réserver le jus de cuisson. Dans une petite casserole, faire fondre le beurre et cuire les oignons à feu doux 5 min. Ajouter la farine et la moutarde. Cuire 1 min en remuant.

• Retirer la casserole du feu. Ajouter graduellement le lait et 160 ml (²/₃ tasse) du jus de cuisson réservé. Remettre sur le feu et porter à ébullition, en remuant, jusqu'à ce que la sauce épaississe. Ajouter le dindon et incorporer la moitié du cheddar. Saler et poivrer.

• Préchauffer le four à 200 °C (400 °F). Mettre le céleri dans un plat allant au four et le couvrir de sauce. Dans un bol, mélanger le reste du cheddar, la chapelure et les graines de céleri. Saupoudrer sur la sauce. Cuire et laisser dorer 30 min ou jusqu'à ce que le mélange bouillonne.

Idées de repas minute savoureux et nutritifs avec du dindon cuit

BOUILLON

La carcasse de la volaille crue et la peau du dindon permettent de faire un bouillon particulièrement savoureux, et ce serait dommage de s'en priver. Évidemment, on dégraisse avant de consommer et on congèle les surplus dans de petits contenants pour usage ultérieur dans les soupes et les sauces.

CHOP SUEY

Faire rapidement sauter des tranches fines de champignons, de poivrons et des échalotes hachées avec des germes de soja. Ajouter des cubes de dindon et arroser de bouillon.

CRÊPE

Mettre des morceaux de dindon, de la sauce béchamel et des champignons sautés au beurre dans des crêpes fines. Rouler, saupoudrer de fromage râpé au goût et gratiner au four.

CROQUE-DINDON

Sur une tranche de pain de ménage, mettre des morceaux de dindon, des lamelles de poivron vert, quelques rondelles d'oignon, des champignons émincés. Recouvrir de fromage et gratiner au four.

EN CROÛTE

Incorporer des morceaux de dindon à une sauce blanche ou brune, ajouter au goût des légumes cuits, puis faire cuire en pâté, entre deux croûtes à tarte ou encore recouvert uniquement d'une pâte feuilletée sur le dessus.

FAJITAS

Les préparer en fajitas en les coupant en cubes et en les réchauffant dans un peu d'huile, avec des oignons, des poivrons rouges, des morceaux de mangue ou d'avocat, de la salsa, des piments, du cumin, de l'origan, des graines de coriandre et de la cannelle. Farcir de cette préparation des tortillas de blé ou de maïs.

FRICASSÉE

Faire revenir des oignons dans du beurre, ajouter des cubes de dindon cuits et de pommes de terre, couvrir de sauce et de bouillon. Assaisonner de laurier, de thym, de sel et de poivre. Couvrir et cuire jusqu'à ce que les pommes de terre soient tendres.

PÂTES

Ajouter des cubes de dindon à une sauce tomate ou à une sauce au fromage. Servir sur des pâtes.

PLATS EN SAUCE

Faire quelques plats en sauce réconfortants pour les soirées d'hiver, que l'on peut facilement congeler, puis servir avec un légume vert et du riz.

RIZ

Dans un poêlon, faire revenir dans un peu d'huile, un œuf battu, puis des cubes de dindon, des oignons émincés finement, du céleri haché, des noix de Grenoble ou de cajou. Mélanger le tout avec du riz assaisonné de sauce soja. Garnir de quelques tiges d'échalotes ciselées.

SALADE

Employer les restes de chair coupés en bouchées dans une salade :

- on lui ajoute de jeunes pousses d'épinards, des lamelles de céleri coupées en biseau et des quartiers de clémentine ;

- ou de petites pâtes, comme des fusillis, ainsi que des poivrons verts et rouges en lanières ;

- la salade à la dinde s'accommode bien d'une sauce crémeuse, moitié mayonnaise moitié yogourt, avec assaisonnements et, si on le désire, de petits morceaux de cornichon doux.

SANDWICH CHAUD

Mettre des morceaux de dindon dans une sauce brune. Servir sur des tranches de pain grillé en sandwich chaud. Agrémenter de légumes cuits.

SOUPE

Tenter l'expérience avec différentes nouilles italiennes ou chinoises *(won tons)*, des lanières de crêpes fines ou encore des pâtes fraîches dans du bouillon. Agrémenter de morceaux de dindon cuit et de légumes crus, coupés finement.

VOL-AU-VENT

Dans une sauce béchamel, ajouter des légumes cuits et des morceaux de dindon cuit. Remplir des vol-au-vent avec la préparation pour obtenir un délicieux dindon à la King.

CUISINE BARBECUE

Fajitas au dindon épicés

PRÉPARATION : 15 MIN

- Mélanger l'assaisonnement au chili et les épices. Enrober les filets de dindon de ce mélange. Préchauffer le barbecue en prenant soin de préparer la grille pour une cuisson directe. Griller le dindon jusqu'à ce qu'il soit cuit à point et que la température interne atteigne 77 °C (170 °F).

- Couper le dindon en lanières et les mettre sur les tortillas. Former des rouleaux. Accompagner de crème sure, de guacamole et de salsa. Garnir de coriandre et de citron vert.

INGRÉDIENTS

- ½ c. à café (½ c. à thé) d'assaisonnement au chili
- ½ c. à café (½ c. à thé) de cumin moulu
- ½ c. à café (½ c. à thé) de sel
- ¼ c. à café (¼ c. à thé) de piment de Cayenne
- 480 g (1 lb) de filets de dindon, uniformément aplatis
- 4 grandes tortillas

GARNITURE
- Crème sure
- Guacamole
- Salsa mexicaine (pico de gallo)
- Coriandre fraîche
- Quartiers de citron vert

Filets de dindon grillés au citron

4 portions · Macération : 24 h · Cuisson : 20 min

INGRÉDIENTS

- 125 ml (½ tasse) de jus de citron et le zeste d'un citron
- 60 ml (¼ tasse) d'huile de canola (colza)
- 2 c. à soupe d'oignons, émincés
- 1 gousse d'ail, émincée
- 1 c. à café (1 c. à thé) de sauce Worcestershire
- ½ c. à café (½ c. à thé) de poivre noir ou blanc
- ½ c. à café (½ c. à thé) de feuilles de thym
- 4 filets de dindon d'environ 2,5 cm (1 po) d'épaisseur

• Dans un bol, mélanger le jus de citron, l'huile, les oignons, l'ail, la sauce Worcestershire, le poivre et le thym. Verser sur les filets de dindon et laisser mariner dans un contenant hermétique quelques heures ou jusqu'au lendemain au réfrigérateur.

• Préchauffer le barbecue à température moyenne, huiler légèrement la grille et cuire les filets de dindon de 8 à 10 min de chaque côté ou jusqu'à ce qu'un jus clair s'écoule du dindon lorsqu'on le pique. Accompagner de légumes grillés.

Kebabs de dindon
à la limonade

4 portions • Macération : 24 h • Cuisson : 12 min

- 480 g (1 lb) de filets de dindon, en cubes de 2,5 cm (1 po)
- 1 boîte de 60 g (6 oz) de limonade surgelée, décongelée
- 3 c. à soupe de sauce soja
- 3 c. à soupe d'huile d'olive
- Antiadhésif en aérosol
- 1 mangue mûre mais ferme, pelée et coupée en morceaux de 4 cm (1 ½ po)*
- ¼ d'un gros melon miel (Honeydew), pelé, en morceaux de 4 cm (1 ½ po)

• Mettre les cubes de dindon dans un sac de plastique hermétique d'une capacité de 1 litre (4 tasses).

• Dans un petit bol, mélanger la limonade, la sauce soja et l'huile. Réserver 60 ml (¼ tasse) de cette marinade. Verser le reste sur le dindon et fermer le sac hermétiquement. Réfrigérer 2 h ou jusqu'au lendemain.

• Bien enduire la grille du barbecue d'antiadhésif en aérosol et la préparer pour une cuisson directe. Mettre la mangue et le melon dans la marinade réservée. Égoutter les cubes de dindon et les enfiler sur des brochettes de 25 ou 30 cm (10 ou 12 po). Enfiler les morceaux de fruits sur d'autres brochettes en les alternant.

• Griller les brochettes de dindon 10 à 12 min ou jusqu'à ce que la viande perde sa teinte rosée à l'intérieur et que la température interne atteigne 77 °C (170 °F). Ajouter les brochettes de fruits après avoir retourné les brochettes de dindon.

* On peut remplacer la mangue par 4 pêches fraîches, pelées et coupées en morceaux, ou ½ melon brodé, pelé et coupé en morceaux.

Brochettes de dindon tikka

4 portions · Macération : 2 à 8 h · Cuisson : 15 min

• Dans un grand bol, bien mélanger tous les ingrédients qui composent la marinade. Ajouter les cubes de dindon et bien les enrober. Couvrir et réfrigérer de 2 à 8 h.

• Retirer les cubes de dindon de la marinade et les enfiler sur des brochettes. Cuire sous le gril ou au barbecue à température moyenne de 6 à 8 min de chaque côté.

INGRÉDIENTS

- 720 g (1 ½ lb) de poitrine de dindon, en cubes de 2,5 cm (1 po)

MARINADE ÉPICÉE AU YOGOURT
- 250 g (1 tasse) de yogourt nature
- 2 c. à soupe de jus de citron
- 1 c. à soupe de gingembre frais, râpé
- 1 c. à soupe de coriandre fraîche, hachée finement
- 2 gousses d'ail, émincées
- 1 c. à café (1 c. à thé) de cumin moulu
- ½ c. à café (½ c. à thé) de curcuma moulu
- ¾ c. à café (¾ c. à thé) de sel
- ¼ c. à café (¼ c. à thé) de piment de Cayenne

Escalopes de dindon au miel et à la moutarde de Dijon

4 portions · Cuisson : 10 min · Macération : 2 à 24 h

• Dans un plat, mélanger tous les ingrédients sauf les escalopes de dindon. Enrober les escalopes du mélange. Couvrir et laisser mariner de 2 à 24 h au réfrigérateur, en prenant soin de les retourner de temps à autre.

• Cuire sur la grille huilée du barbecue à feu moyen-vif de 4 à 5 min de chaque côté, jusqu'à ce que le thermomètre à viande indique une température interne de 77 °C (170 °F).

- 480 g (1 lb) d'escalopes de poitrine de dindon (environ 4 à 6)
- 60 ml (¼ tasse) de moutarde de Dijon
- 60 ml (¼ tasse) de miel
- 1 c. à soupe d'huile de canola (colza)
- 2 c. à café (2 c. à thé) de vinaigre de vin rouge ou de jus de citron
- 1 gousse d'ail, émincée
- ¼ c. à café (¼ c. à thé) de poivre fraîchement moulu

Teriyaki de dindon

- 4 morceaux de poitrine de dindon de 180 g (6 oz) chacun

MARINADE
- 125 ml (½ tasse) de sauce soja
- 60 ml (¼ tasse) de sherry sec ou de vin de riz
- 2 c. à soupe de miel
- 2 c. à café (2 c. à thé) de gingembre frais, râpé
- 1 c. à café (1 c. à thé) de zeste d'orange, râpé
- ½ c. à café (½ c. à thé) d'huile de sésame
- 2 gousses d'ail, émincées
- Graines de sésame rôties (facultatif)

• À l'aide d'un maillet de cuisine, aplatir les morceaux de poitrine de dindon jusqu'à ce qu'ils atteignent 1,25 cm (½ po) d'épaisseur et les mettre dans un grand sac de plastique hermétique.

• Dans un petit bol, mélanger la sauce soja, le sherry, le miel, le gingembre, le zeste d'orange, l'huile de sésame et l'ail. Verser le mélange dans le sac de plastique, remuer pour bien enrober le dindon de la marinade et réfrigérer de 2 à 8 h.

• Retirer le dindon de la marinade et cuire sous le gril ou au barbecue de 3 à 5 min de chaque côté, jusqu'à ce que la chair soit cuite à point. Découper finement en biais et disposer sur un lit de riz. Garnir de graines de sésame rôties.

Cuisses de dindon barbecue à l'orientale

INGRÉDIENTS

- 175 ml (³/₄ tasse) de sauce barbecue
- 20 g (¹/₄ tasse) d'oignons verts, parties blanche et verte, en tranches
- 3 c. à soupe de sauce soja légère
- 2 c. à soupe de graines de sésame, rôties
- 1 c. à café (1 c. à thé) d'ail, émincé
- 1 c. à café (1 c. à thé) de gingembre frais, pelé et émincé
- 960 g (2 lb) de cuisses de dindon, sans peau et dégraissées

PRÉPARATION : 10 MIN

- Dans un récipient à mesurer d'une capacité de 500 ml (2 tasses), mélanger la sauce barbecue, les oignons verts, la sauce soja, les graines de sésame, l'ail et le gingembre. Réserver 80 ml (¹/₃ tasse) de cette marinade, couvrir et réfrigérer.

- À l'aide d'une fourchette, percer des trous dans les cuisses de dindon. Dans un sac de plastique hermétique, mettre les cuisses de dindon et le reste de marinade. Fermer hermétiquement et réfrigérer jusqu'au lendemain en retournant le sac de temps à autre pour répartir uniformément la marinade.

- Préparer la grille pour une cuisson indirecte. Griller les cuisses de dindon à température moyenne 25 à 30 min de chaque côté, jusqu'à ce qu'un thermomètre à viande inséré dans la partie charnue d'une cuisse indique une température interne de 82 °C (180 °F). Badigeonner de marinade réservée durant les 10 dernières minutes de cuisson.

- Servir chaud. Accompagner de légumes et de riz.

Côtelettes de dindon grillées en croûte d'épices, salsa à la mangue et aux poivrons

4 portions · Cuisson : 10 min

PRÉPARATION : 30 MIN

• Dans un sac de plastique à fermeture hermétique, mélanger la chapelure, les épices, le sel et le poivre. Badigeonner chaque tranche de dindon d'huile de pépin de raisin. Mettre les côtelettes dans le sac de plastique et remuer énergiquement pour bien les enrober.

• Retirer les tranches du sac et les laisser reposer 30 min au réfrigérateur pour que le mélange adhère bien.

SALSA

• Mélanger tous les ingrédients qui composent la salsa et la réfrigérer au moins 1 h avant de servir.

• Huiler la grille du barbecue et chauffer à feu moyen-vif.

• Cuire les tranches environ 5 min de chaque côté jusqu'à ce que la température interne atteigne 77 °C (170 °F).

INGRÉDIENTS

- 4 c. à soupe de chapelure
- 1 c. à soupe de cumin
- 1 c. à café (1 c. à thé) de gingembre moulu
- 1 c. à café (1 c. à thé) de muscade moulue
- ½ c. à café (½ c. à thé) de sel
- 1 c. à café (1 c. à thé) de poivre blanc moulu
- 2 c. à soupe d'huile de pépin de raisin
- 4 tranches de dindon de 150 g (5 oz) et 2 cm (¾ po) d'épaisseur chacune

SALSA
- 1 mangue bien mûre, en petits cubes
- 1 poivron jaune moyen, en petits cubes
- 1 poivron rouge moyen, en petits cubes
- 1 poivron vert moyen, en petits cubes
- 1 petit oignon rouge, en petits cubes
- 1 gousse d'ail, hachée
- Le jus d'un citron vert
- 2 c. à café (2 c. à thé) d'huile d'olive extravierge
- 4 c. à café (4 c. à thé) de coriandre fraîche, hachée
- Sel et poivre fraîchement moulu
- 1 petit piment oiseau, haché finement (facultatif)

Burgers de dindon aux épinards

- 480 g (1 lb) de dindon haché cru
- 60 ml (1/4 tasse) de mayonnaise légère
- 25 g (1 tasse) d'épinards frais, en morceaux
- 1 oignon moyen, haché finement
- 1 gousse d'ail, émincée
- 1/4 c. à café (1/4 c. à thé) de poivre
- 2 c. à soupe de sauce Worcestershire
- 60 g (1/2 tasse) de chapelure
- 60 g (1/2 tasse) de mozzarella, râpée
- 1/2 poivron rouge, en lamelles
- 4 pains kaiser (petits pains empereur),
  coupés en 2

• Dans un grand bol, combiner tous les ingrédients, sauf la mozzarella et les poivrons.

• Façonner 4 à 6 boulettes.

• Dans un poêlon, saisir les boulettes de chaque côté et poursuivre la cuisson au four à 180 °C (350 °F) pendant 5 min ou jusqu'à ce que la température interne atteigne 80 °C (175 °F). Si vous préférez le barbecue, faire griller les boulettes à 15 cm (6 po) de la source de chaleur, 6 à 8 min de chaque côté.

• Parsemer de fromage mozzarella et de poivrons. Cuire 2 min de plus.

• Dorer les pains au four. Servir les boulettes dans les pains chauds.

Marinades, glaces et sauces

Préparer la marinade en combinant les ingrédients ci-dessous. Chaque recette permet de faire macérer 1 kg (2,2 lb) de dindon.

STYLE MOYEN-ORIENT

- 3 c. à soupe de jus de citron
- 2 gousses d'ail, hachées finement
- 1 c. à soupe de gingembre frais, haché
- 2 c. à café (2 c. à thé) de cumin en poudre
- 2 c. à soupe d'huile d'olive
- Sel et poivre

À L'ITALIENNE

- 125 ml (½ tasse) de jus de tomate
- 2 gousses d'ail, hachées finement
- 4 c. à café (4 c. à thé) de basilic frais, haché ou la moitié de basilic séché
- 1 c. à café (1 c. à thé) d'origan frais, haché ou la moitié d'origan séché
- Sel et poivre

À L'ORIENTALE

- 80 ml (⅓ tasse) de sauce soja ordinaire ou légère
- 1 c. à soupe de gingembre frais, haché
- 80 ml (⅓ tasse) d'eau
- 2 c. à soupe de jus de citron
- 3 c. à soupe de miel
- 3 oignons verts, hachés finement

AUX HERBES

- 125 ml (½ tasse) de babeurre ou de yogourt nature
- 1 c. à soupe d'huile d'olive
- 1 c. à soupe de moutarde de Dijon
- 2 gousses d'ail, hachées finement
- 4 c. à café (4 c. à thé) de basilic frais, haché ou la moitié de basilic séché
- 4 c. à café (4 c. à thé) de thym frais, haché ou la moitié de thym séché
- 4 c. à café (4 c. à thé) de romarin frais, haché ou la moitié de romarin séché
- Sel et poivre

À L'ORANGE

- 125 ml (½ tasse) de jus d'orange
- 1 c. à café (1 c. à thé) de zeste d'orange
- 2 oignons verts, hachés finement
- 4 c. à café (4 c. à thé) d'estragon frais, haché ou la moitié d'estragon séché
- Sel et poivre

• Ajouter les morceaux de dindon à la marinade. Bien les enrober. Couvrir et réfrigérer. Généralement, on laisse le dindon mariner de 4 à 24 h, selon l'intensité de la saveur désirée.

• Au terme de la macération, cuire la volaille au barbecue, au four, au four à micro-ondes, au poêlon ou au wok. Cuit à point, le dindon perd sa teinte rosée et est d'une tendreté inégalable.

NOTE : Il ne faut jamais consommer la marinade dans laquelle la viande crue a trempé.

Glace à la pêche

250 ml (1 tasse) · Cuisson : 5 min

PRÉPARATION : 5 MIN

- 125 ml (½ tasse) de jus de pêche
- 80 ml (⅓ tasse) de liqueur d'orange ou de jus d'orange
- 1 c. à soupe de fécule de maïs
- 90 g (¼ tasse) de gelée de pomme

• Dans un bol, bien mélanger le jus de pêche, la liqueur et la fécule de maïs.

• Dans une casserole, faire fondre la gelée de pomme à feu doux. Ajouter le mélange de jus de pêche et remuer constamment jusqu'à l'obtention d'une glace épaisse et transparente. Badigeonner le dindon de cette glace durant les 10 dernières minutes de cuisson. Elle peut servir à badigeonner en cours de cuisson ou accompagner les grillades dans l'assiette.

Index des recettes

Index par découpes

Achevé d'imprimer au Canada
sur les presses des Imprimeries Transcontinental Inc.